BUSINESS KYOIKU

実践［融資力］
融資判断のための
会計トレーニング

山田ビジネスコンサルティング株式会社 編

ビジネス教育出版社

はじめに

『[融資力] 5分間トレーニングブック』に続く，[融資力] シリーズの続編『融資判断のための会計トレーニング』をここにお届けします。

前作は，決算書を素早く，深く読み込み，融資の可否を迅速かつ的確に判断できる力を身につけることにより，「融資力」を強化することを目的としていました。[融資力]とは，良質な融資を増加させる力，すなわち，確実に返済となる融資を推進する力を意味しています。

さて，本書が書かれた目的をお伝えするにあたり，「融資が確実に返済される」ためには何が必要かを考えてみましょう。

返済は，融資先企業が獲得する，将来のキャッシュ・フローにより行われます。ここで第一のポイントは「将来」を見通す力が必要となることです。第二のポイントは，償還財源は「キャッシュ・フロー」であるということです。

決算書は過去の数値であり，その数値だけで将来を見通すには困難が伴います。しかし，融資は将来返済されるものですから，将来を見通さなければ融資の審査をしたことにはならないのです。そして，将来の何を見通すのかといえば，将来の「キャッシュ・フロー」を見通すのです。

将来のキャッシュ・フローを見通すうえで有力な武器となるのが，管理会計の手法です。この本では，将来のキャッシュ・フローを見通すうえで皆さんにぜひとも身につけていただきたい，現場ですぐに使える管理会計の手法を紹介しています。これらの手法を使うトレーニングを積めば，皆さんの融資力はさらに一段上のものになることでしょう。

執筆者代表・山田ビジネスコンサルティング株式会社　石川 英文

CONTENTS

●序　章●
管理会計を武器として融資力を向上させよう

- ❶「融資力」とは何か …………………………………………… 12
- ❷「融資力」を身につける ……………………………………… 12
- ❸決算書だけで融資判断はできるのか？ …………………… 13
- ❹管理会計とは何か，なぜ必要か …………………………… 14
- ❺本書の構成 …………………………………………………… 15
- ❻ワンランク上の融資担当者を目指して …………………… 17

●第1章●
キャッシュ・フローこそ融資判断のポイント

1　利益とキャッシュの違いを理解しよう ……………… 20
- ❶昔の損益計算 ………………………………………………… 20
- ❷現代の損益計算 ……………………………………………… 21
- ❸勘定合って銭足らず ………………………………………… 21
- ❹損益とキャッシュのズレを理解しよう …………………… 21
- ❺棚卸資産とキャッシュの関係を理解する ………………… 23

2　企業の目的は利益かキャッシュ・フローか ………… 25
- ❶企業の目的 …………………………………………………… 25
- ❷減価償却費とキャッシュ・フロー ………………………… 25
- ❸減価償却費と経営 …………………………………………… 26

3　キャッシュ・フローを定義する……………………………27
　❶現預金……………………………………………………27
　❷手許流動性………………………………………………27
　❸当座資産…………………………………………………28
　❹正味運転資本……………………………………………29
　❺運転資金…………………………………………………30
　❻キャッシュ・フロー……………………………………31
　❼フリー・キャッシュ・フロー…………………………31

4　融資とキャッシュ・フロー………………………………33
　❶融資判断では3つのポイントをおさえよう……………34
　❷償還財源はどうやって算出するのか…………………35
　❸フリー・キャッシュ・フローとの相違点を整理する…36
　❹キャッシュ・フローと償還財源について再び考える…37

5　キャッシュ・フロー計算書を理解しよう………………38
　❶キャッシュ・フロー計算書の構造……………………38
　❷営業活動によるキャッシュ・フロー…………………38
　❸投資活動によるキャッシュ・フロー…………………39
　❹財務活動によるキャッシュ・フロー…………………39
　❺キャッシュ・フロー計算書の作成……………………40
　❻キャッシュ・フロー計算書を読む……………………43

6　融資推進とキャッシュ・フロー…………………………44
　❶融資のチャンスはどこにあるか………………………44
　❷増加運転資金……………………………………………44
　❸設備資金…………………………………………………46
　❹経常資金（返済しわ補填資金）………………………46

❺融資を推進するために ……………………………………… 47

7　キャッシュ・フローの改善を融資先企業にアドバイスする ……… 47
❶貸借対照表の改善によるキャッシュ・フローの捻出 ……… 47
❷損益計算書の改善によるキャッシュ・フローの捻出 ……… 48
❸経営全体の改善によるキャッシュ・フローの捻出 ………… 48
EXERCISE　練習問題 …………………………………………… 50

●第2章●
資金繰りと融資判断

1　資金繰りとは？ …………………………………………… 56
2　資金繰りを把握するためのツール ……………………… 56
3　B/Sの変化に着目する ………………………………… 57
4　資金繰り表で収支を管理する ………………………… 59
❶資金繰り表の全体像 ……………………………………… 59
❷資金繰り表の作成方法 …………………………………… 59
❸資金繰り実績表を作成する ……………………………… 61
❹資金繰り予想表を作成する ……………………………… 65
❺予想P/Lを作成する ……………………………………… 66
❻予想B/Sを作成する ……………………………………… 68
❼資金繰り表の落とし穴 …………………………………… 69
❽資金繰り表の活用法 ……………………………………… 70

5　資金運用表で資金の調達・運用を把握する …………… 71
❶資金運用表の全体像 ……………………………………… 71

❷資金運用表を作成する ……………………………… 73
　　❸適正な資金調達と運用とは ………………………… 76
　　❹予想資金運用表を作成する ………………………… 76
　　❺予想資金運用表の活用法 …………………………… 77

6　資金移動表で収支を把握する ……………………………… 77

　　❶資金移動表の全体像 ………………………………… 77
　　❷資金移動表を作成する ……………………………… 79
　　❸資金移動表の活用法 ………………………………… 80

7　資金繰り改善のポイント …………………………………… 82

　　❶まずは支出の削減 …………………………………… 82
　　❷B/Sは資金繰り改善の宝庫 ………………………… 82
　　　EXERCISE　練習問題 ………………………………… 84

●第3章●
企業のコスト構造を把握する

1　コスト構造はCVP分析で把握する ………………………… 94
2　CVP分析とは？ ……………………………………………… 94
3　損益分岐点分析で何がわかるのか？ ……………………… 95
4　損益分岐点を実際に算出してみよう …………………… 97

　　❶損益分岐点で扱う「利益」 …………………………… 97
　　❷変動費と固定費 ……………………………………… 97
　　❸損益分岐点の考え方 ………………………………… 98
　　❹利益の源泉「限界利益」 ……………………………… 99
　　❺安全余裕率 …………………………………………… 102

❻損益分岐点の「損益」をどの利益にするのか ……………… 104

5　コストを固定費と変動費に分類する
　　──固変分解の実務的な手法　……………………………… 106
❶固変分解の基本 ……………………………………………… 106
❷固変分解を行う際の留意点 ………………………………… 108

6　目標達成点売上高 ……………………………………………… 109

7　CVP分析を通じてコスト構造を理解する ………………… 111
❶事業閉鎖点 …………………………………………………… 111
❷固定費削減の重要性 ………………………………………… 113
❸変動費化の影響度 …………………………………………… 115
❹変動費型ビジネスと固定費型ビジネス …………………… 119
❺CVP分析を融資先企業へのアドバイスに活用する ……… 121
　EXERCISE　練習問題 ………………………………………… 123

● 第4章 ●
事業計画の確度を検証する

1　融資判断に必要な資料とは？ ………………………………… 130
❶決算書は過去の実績 ………………………………………… 130
❷事業計画で企業の将来を予測する ………………………… 131

2　事業計画とは？ ………………………………………………… 132
❶事業計画の位置づけ ………………………………………… 132
❷事業計画の内容 ……………………………………………… 133

3 事業計画の本来の役割 ……………………………………… 136
4 事業計画の作成 ………………………………………………… 138
❶事業計画は「誰が」作成するのか？ ……………………………… 138
❷事業計画では「何を」作成するのか？ …………………………… 141
❸事業計画は「どのように」作成するのか？ ……………………… 143
❹事業計画の検証方法 ………………………………………………… 164
5 事業計画の管理 ………………………………………………… 168
6 事業計画の単位 ………………………………………………… 170
EXERCISE　練習問題 ……………………………………………… 172

●第5章●
設備投資計画を検証する

1 融資推進のチャンスと貸し倒れリスク …………………… 176
2 融資判断の3つのポイント …………………………………… 176
3 「資金の必要性」を検証する ………………………………… 176
❶必要事情の妥当性を検討する ……………………………………… 177
❷必要金額の妥当性を確認する ……………………………………… 178
❸管理会計の考え方を活用して「資金の必要性」を検証する … 180
4 「資金使途（支払先と時期）」を検証する ………………… 188
❶実行前のチェック …………………………………………………… 188
❷実行時のチェック …………………………………………………… 189

5 「償還財源」を検証する ……………………………… 189
- ❶設備投資の種類とチェックポイント ……………………… 189
- ❷悲観的なシナリオで考える ………………………………… 192
- ❸最大損失額を把握する ……………………………………… 193
- ❹既存事業と既存借入金をふまえた償還見通し …………… 194
- ❺法人税等の増減を確認する ………………………………… 194
- ❻チェック体制を確認する …………………………………… 196

6 応用編：管理会計における投資の意思決定 ………… 198
- ❶キャッシュ・フローで投資効果を測定する ……………… 198
- ❷時間にも価値がある ………………………………………… 199
- ❸管理会計における投資の評価手法 ………………………… 200
- EXERCISE　練習問題 …………………………………… 215

付：序章で紹介した事例を解決するためのヒント ……………… 231
参考文献 ……………………………………………………………… 233
索　引 ………………………………………………………………… 236

Column
- CVP分析の限界──105
- CVP分析を使った予算設定への応用──121
- 従業員が事業計画を目標とするために──142
- P/LだけでなくB/Sも考える──180
- M&Aでのアドバイス
　「本業との関連性」「経営統合」「社長の陣頭指揮」がポイント──191
- モノに置き換えて考える──192
- 業種の特徴を押さえる──193

序章

管理会計を武器として融資力を向上させよう

❶「融資力」とは何か

　金融機関にとって，企業に対する事業資金の融資は重要な業務です。企業の調達手段は多様化しているといわれていますが，多くの中堅・中小企業にとっては，金融機関からの借入れによる資金調達が依然として重要な地位を占めています。

　渉外担当者には，良質な融資を増加させる力，すなわち，確実に返済となる融資を推進する力が求められます。これが「融資力」です。

　どれだけ融資を推進できても，その融資が延滞となったり，貸倒れとなったりしてしまっては元も子もありません。一方で，不良債権の発生を恐れて手をこまぬいているだけでは，金融機関を存続させていくための収益の源泉も失われてしまいますし，金融機関として社会に存在する意義も失われてしまいます。

　そこで，金融機関の職員に求められるのが「融資力」です。

❷「融資力」を身につける

　では，「融資力」を身につけるということはどういうことでしょうか。
　そもそも，融資とは何かを考えてみましょう。融資とは，元金を貸出して，将来にわたって元金と利息を返済してもらう行為です。元金や利息の支払い方法にはいろいろなパターンがありますが，いずれにしても，返済は将来行われるということが重要なポイントです。

　このことは，融資の審査においては，企業が将来滞りなく返済ができるかどうかを見極めなければならないということを示しています。

　次に将来滞りなく返済できるとはどういうことか考えてみましょう。将来滞りなく返済できるということは，企業に返済日時点で必要なだけのお金があるということを意味します。

　以上を踏まえると，融資の審査とは，究極的には，貸出先企業が将来返済できるお金を確保できるかどうかを判断するということです。もう

少し，視野を広げて，貸出先企業と長期的に融資取引を継続することを前提に考えるなら，「**融資先企業が中長期的に，本業で，返済に必要なお金も含めた経営に必要なお金を獲得していけるかどうか判断する**」のが融資の審査であるということができます。こうした審査ができるようになるということが「融資力」が身についたということです。

❸決算書だけで融資判断はできるのか？

融資の審査においては，必ずといってよいほど，決算書の分析を行います。はたして，決算書だけで「**融資先企業が中長期的に，本業で，返済に必要なお金も含めた経営に必要なお金を獲得していけるかどうか**」判断できるでしょうか。

皆さんは，次に掲げる事例のような経験をしたことはないでしょうか。

【事例1】 決算書を見ると利益がかなり出ている先から，多額な借入れの申込みがあった。しかしその会社は複数の事業を行っており，決算書を見ただけではどの事業が儲かっているのかわからず，今一歩企業の実態把握ができない。その会社の将来見通しに自信がもてないので融資に踏み切れない。審査に手間取っているうちに，他行に融資を先んじられてしまった。その企業は，その後高収益を上げ続け上場した。あのとき融資しておけば……。

【事例2】 長年の親密なメイン先の業績がここ数年低迷している。ついに前期は赤字に転落してしまった。価格競争が厳しいからと先方の担当者は説明しているが本当にそうなのだろうか。赤字の根本原因は何なのだろうか。とは思ったが，そのまま放置しているうちに，2年が経過し延滞が始まった。そして1年後その会社は民事再生手続開始の申立てを行った。あのとき，赤字の根本原因をつかむことができて，

融資先企業に再建への取り組みを働きかけておければ……。

【事例3】 既往取引先。決算書を見ると毎期黒字である。にもかかわらず，頻繁に融資の申し込みがある。あまり深く考えずに，機械的に反復融資に応じていたところ，ある日突然，破産の申立てをした。あのとき，きちんと実態を把握できていれば……。

【事例4】 突然新規先が来店した。運転資金を融資してほしいという。決算書の実績は申し分ない。しかし，明確な根拠はないのだが，どうもうさんくさい。決算書から判断して融資を実行したが，その1カ月後には連絡が取れなくなっていた。どうもうさんくさいと思ったあのとき，何か有効な調査手段はなかったのだろうか……。

　　　　　（事例を解決するためのヒントは，巻末に掲載されています）

　これらの事例でも，決算書をもう少し深く読み込めていれば，解決できたかもしれません。しかし，「**融資先企業が中長期的に，本業で，返済に必要なお金も含めた経営に必要なお金を獲得していけるかどうか**」を判断するためには，決算書だけでは企業の実態に迫れない場合があります。

　そんなときに有力な武器となるのが，「管理会計」です。

❹管理会計とは何か，なぜ必要か

　会計は，「財務会計」と「管理会計」に大別されます。「財務会計」は企業外部の利害関係者（株主，債権者など）に経済的情報を提供する会計であり，その提供は，通常財務諸表（決算書）の形式で行われます。「管理会計」は，企業の経営管理者に経済的情報を提供する会計であり，業績の管理や意思決定のための材料を提供する会計です。

融資先企業にとって金融機関は債権者ですから，外部の利害関係者にあたりますが，財務会計による決算書だけではなかなか企業の実態に迫れないのが現実です。

もちろん，全部の企業について深く調査するのは物理的にも不可能ですし，その必要もありません。しかしながら，先の4事例のように深く調査するべき企業もあります。

深く調査すべき企業なのに，そうしない，あるいはできない場合があるのはなぜでしょうか。その理由は，そもそも問題意識がない，忙しい，何をどう調べてよいかわからないなどいろいろあるでしょう。

ここで何をどう調べてよいかわからないときに，本書で解説する管理会計の手法は有効な武器になります。つまり皆さんが，管理会計の手法を身につけることができれば，企業の実態に迫れるようになるのです。

❺本書の構成

管理会計の手法を学習する前段階として，キャッシュ・フローと資金繰りについてそれぞれ第1章，第2章で学習します。

第1章は，キャッシュ・フローの解説から始まります。その理由は，融資とは，お金を貸して利息を加えてお金を返してもらう行為であるので，お金こそが重要だからです。また，企業にとって，中長期的に本業で安定的に十分なキャッシュ・フローを獲得することは経営の目的の大きなひとつだからです。

利益も重要だけれども，キャッシュ・フローこそ最も重要であるということを理解していたうえで，キャッシュ・フローをものさしとして使えるようになっていただきます。

第2章では，資金繰りについて学習します。企業は日々資金繰りが回っていかなければ，倒産してしまいます。そこで，資金繰り表，資金運用表，資金移動表について解説し，資金の流れから企業の実態に迫る手

法を身につけていただきます。

　資金運用表と資金移動表は決算書から作成できるので，財務会計の分野に属しますが，資金の流れを理解することは企業の実態に迫るうえでは極めて有効な手段であるにもかかわらず，現場で十分に活用されていないのではないかという編者の問題意識から，管理会計をテーマとする本書であえて採り上げることにしました。

　さて，第3章からは，いよいよ管理会計の解説です。第3章では，企業のコスト構造を把握する手法としてのCVP分析を解説しますが，これは企業の将来を見極める有効な手段のひとつとなります。融資は，将来返済してもらうものですから，将来を見通す視点が不可欠です。

　第4章では，事業計画について解説します。なぜ管理会計の本で事業計画の解説が出てくるのか，という疑問を持つ方がいらっしゃるかもしれません。融資判断においては，企業の将来を見通すことが不可欠ですが，将来を見通すうえで，有効な情報を提供するものが，数値化された事業計画なのです。

　事業計画には，企業の過去の決算書だけでは読み取れない，企業の内部情報が詰まっています。また，将来の数値計画が記載されているので，将来の返済原資の有無を判断する融資審査の目的にかなった情報を提供してくれます。

　第5章では，設備投資の検証について解説します。事業計画においても企業がどのように設備投資を行っていくかは重要なポイントになりますし，融資の現場においても，設備資金の審査は重要な業務のひとつです。

　そこで，設備投資をひとつの大きなテーマとして採り上げて解説することにしました。

序章●管理会計を武器として融資力を向上させよう

❻ワンランク上の融資担当者を目指して

　皆さんは，いまお勤めの金融機関に入社されたとき，どんな理想をお持ちだったでしょうか。取引先の経営者にアドバイスをして社会に貢献していらっしゃるご自分を，自身の将来像として描かれた方も多いことでしょう。

　本書で解説している内容は，融資の審査に役立つだけではなく，取引先の経営者や経営陣にアドバイスするうえでも役に立つ内容になっています。

　是非，取引先の経営者や経営陣にアドバイスできるレベルに達するまで本書の内容を理解し，実践で使ってみてください。取引先企業の信用を得ることができて，仕事がもっと楽しくなるはずです。

（石川英文）

第1章

キャッシュ・フローこそ融資判断のポイント

　本書では最初に，キャッシュ・フローについて解説します。融資の返済は、将来のキャッシュ・フローによって行われるものですから，キャッシュ・フローを十分理解し，融資判断にあたってキャッシュ・フローを判断基準として使いこなせるようになることが求められます。

　第1章では，利益とキャッシュの違いについて学習した後に，キャッシュ・フローの定義をしっかりと理解していただきます。

　そのうえで，融資業務において，どのようにキャッシュ・フローを使いこなせばよいのかを説明します。

　キャッシュ・フローを，判断基準として業務に取り組めるようになることが，"できる担当者"になるための必須条件です。

1 利益とキャッシュの違いを理解しよう

まず,「利益とキャッシュは違う」つまり,「利益が計上されているからといって,それだけのキャッシュがあるとは限らない」ということを理解していただくところから,この本をはじめます。

ここで「キャッシュ」ということばが出てきましたが,「キャッシュ」の定義は31ページで詳しく解説します。今の時点では,「キャッシュ」は「お金」だと考えて読み進めてください。

❶昔の損益計算

皆さんは,利益というとまず損益計算書を思い浮かべるでしょう。損益計算書で示される利益とは何か少し考えてみましょう。

利益を獲得することは,企業の目的として最大なものの一つとしてあげられます。では利益とは何でしょうか。利益とは,「収益と利得から費用と損失を差し引く」損益計算により算出されます。

中世のイタリアにおける一航海ごとの損益計算について説明した次の事例を見てください。

「例えば,ヴェニスの出資者グループは資金を集め,船を買い,船長と船員を雇い,アラビアとかインドで売りさばく商品を買い集める。その上で,アラビアとかインドに航海させ,そこで商品を売りさばかせると共に,ヴェニスとかそこに近いヨーロッパでは手に入りにくい品物を買い付けさせ,再び航海に出て,ヴェニスに戻らせる。その上で,アラビアとかインドで買い付けた品物と船をすべて売却する。ある事業を始めてから終わるまでの全期間について,2回の商品売却代金と船の売却代金から船,商品の買付代金,船長の給料とボーナス,船員の給料などの諸費用を差引いた金額としての金額を計算するのが,この例での損益計算である(ベンチャー=冒険企業=の損益計算

ともいわれる）。この場合の利益は，手元に残り，出資者に返還する現金と一致するはずである」（秋山他著『財務会計テキスト第2版』）。

このように，中世のイタリアの損益計算では，利益とキャッシュの増加分は一致していました。

❷現代の損益計算

ところが現代においては，企業は永続的に続くことが前提とされているため，一定期間を区切った期間損益計算が行われています。

損益計算は「発生主義」をベースにしているため，期間利益はキャッシュの増加分と一致するわけではありません。発生主義においては，取引その他の事象の影響額は，キャッシュが流出入するときではなく，発生時に認識され，会計帳簿に記録され，それらの帰属する期間の財務諸表に計上されます。

「収益－費用」がキャッシュの増減分に一致しない理由は，「収益－費用」の増減が，キャッシュ以外の資産の増減（たとえば売掛金の増加や買掛金の減少）として存在する場合があるからです。

❸勘定合って銭足らず

皆さんは「勘定合って銭足らず」ということばをお聞きになったことがおありでしょうか。ここで「勘定」とは，「利益」のことで，「銭」とは「キャッシュ」のことです。

現代の発生主義で会計処理が行われている世界では，「勘定」は合っても「銭」が足らなくなることがあります。利益が上がっていても，キャッシュが足りないことがあるのです。

❹損益とキャッシュのズレを理解しよう

【例1】 いま，現金で支払って90円で仕入れた商品を，100円で売った

とします。代金は商品と引き換えで現金でもらいました。この場合，損益計算をすると，

$$
\begin{array}{rr}
売\quad 上 & 100円 \\
-売上原価 & 90円 \\
\hline
利\quad 益 & 10円
\end{array}
$$

となります。一方，収支計算をすると，

$$
\begin{array}{rr}
売上収入 & 100円 \\
-仕入支出 & 90円 \\
\hline
収\quad 支 & 10円
\end{array}
$$

となり利益とキャッシュは一致しています。

【例2】　今度は，例1と同様に90円で仕入れた商品を100円で売るのですが，仕入は現金であったのに対し，売上は掛(かけ)で行った場合を考えてみましょう。

この場合，損益計算をすると，

$$
\begin{array}{rr}
売\quad 上 & 100円 \\
-売上原価 & 90円 \\
\hline
利\quad 益 & 10円
\end{array}
$$

となり例1と変わりません。ところが，収支計算をすると，

$$
\begin{array}{rr}
売上収入 & 0円 \\
-仕入支出 & 90円 \\
\hline
収\quad 支 & ▲90円
\end{array}
$$

ということになり，90円資金が不足してしまいます。利益は10円出ているのに，キャッシュは90円足りません。これはまさに，「勘定合って銭足らず」の状態です。

この事例で，売掛金が発生するとその分キャッシュが不足するということがわかります。売掛金が受取手形にかわっても同様です。

では，売掛金が回収されたらどうなるでしょうか。

売掛金が回収された場合，損益計算は発生しません。なぜなら，損益は発生主義により認識されるため，掛で売り上げたときにすでに認識されているからです。一方，収支計算は，

いままでの収支	▲90円
＋売掛金の回収	100円
	10円

となり，ようやくここで，損益とキャッシュが一致します。

【例1】と【例2】の違いがなぜ発生するかというと，売上と回収に時間のギャップがあるからです。この事例を通じてご理解いただきたいのは，たとえ利益が上がっていても，資金繰りが破たんする場合があるということです。

❺棚卸資産とキャッシュの関係を理解する

利益とキャッシュの違いを理解するうえで，重要なポイントのひとつとして原材料や製品や商品などの棚卸資産があります。

棚卸資産は売上原価の算出に重要な関係があり，「売上原価」と「仕入」の違いを理解することにより，利益とキャッシュの違いについての一面がわかるようになります。

「仕入」とは，製品や商品を仕入先から購入する際に，支払う費用です。たとえていうなら，皆さんが買い物をするときに財布から出ていく（あるいはクレジット・カードで購入した場合なら，クレジット・カードの決済日に引き落とされる）金額そのものです。

一方で「売上原価」とは，仕入金額のうち，売れた部分に相当する金額だけをいいます。もし仕入れても，その製品や商品が販売されなければ，売上原価には算入されません。つまり，仕入代金を決済した結果キャッシュが減少したとしても，費用には算入されません。

事例により，説明しましょう。下の例を見てください。

図表1－1において，売上原価に計上された費用は450です。これは，当期の売上高に対応する部分であって，売れ残った分，つまり期末商品棚卸高150は貸借対照表の棚卸資産に，資産として計上されています。

当期には500仕入れたのに，費用として計上されたのは450です。このように，在庫が増えた分だけ費用に計上される額が少なくなり，利益が増加するのです。

ところが，棚卸資産に計上された仕入分の支払いはほとんど完了している状態にあります。この場合，利益は増加しても，キャッシュは足りないということになります。

このことから，棚卸資産が増加するとキャッシュは減少し，棚卸資産が減少するとキャッシュが増加することがわかります。

図表1－1　売上原価の算出プロセス

売　上　高	800	
売　上　原　価		
期首商品棚卸高	100	
当期商品仕入高	500	
合　　計	600	
期末商品棚卸高	150	450
売上総利益		350

図表1－2　売上原価の図解

棚卸資産 （前期の貸借対照表の項目）	→	期首商品棚卸高 100	計 600	売上原価 450
		当期商品仕入高 500		期末商品棚卸高 150

2 企業の目的は利益かキャッシュ・フローか

❶企業の目的

　企業の目的は，利益を獲得することにあるといわれますが，果たしてそれだけでよいのでしょうか。これまで学習してきたように，利益が出ていてもキャッシュが足りなくなることがあります。

　もし，当座預金の残高が不足し手形や小切手を決済できなければ，不渡りとなります。手形交換所規則では，半年間に2回の不渡届が提出されると，当座取引および貸出取引が2年間禁止されるという規則になっていますが，これだけ情報網の発達した社会では，1回不渡りを出すということは，企業にとっては，事実上の倒産を意味するといっても過言ではないでしょう。

　たとえ黒字でも，キャッシュが足りなければ企業は倒産するのです（これを黒字倒産といいます）。

　したがって，企業は黒字であればよいとはいえません。

　ここで企業の目的は，「**中長期的に，黒字を維持したうえで，安定的にキャッシュ・フローを獲得すること**」ということができます。

❷減価償却費とキャッシュ・フロー

　減価償却費は，利益を理解するうえでもキャッシュ・フローを理解するうえでも重要です。

　ここで減価償却費の意味を確認しましょう。

　建物や機械や車両などの固定資産は長期間にわたり，事業に使用されますが，使用や時の経過に伴って年々価値が減少し，最後には使用できなくなります。そこで，価値の減少額を使用した期間にわたって費用とする手続きが必要になります。この手続きのことを減価償却といい，費用のことを減価償却費といいます。

いま，ある企業が，200万円の車両を期初に現金で購入し，50万円ずつ4年で減価償却を実施することにします（話をわかりやすくするため税金などは無視します）。

　この場合，車両を購入した時点でキャッシュは200万円流出します。一方，費用は購入した期から4年間50万円ずつ計上されます。

　ここで，2つのポイントを理解してください。

　第一に，購入した期は，キャッシュが200万円出て行くのに，費用は50万円しか計上されないことです。

　第二に，2期目以降は，キャッシュは流出しないのに，費用が50万円ずつ計上されることです。

❸減価償却費と経営

　本来計上すべき減価償却費を，減額して，黒字の決算にする経営者をよく見かけます。読者の皆さんは，黒字であれば良いという考え方は正しくないということは，すでにご理解されていることでしょう。

　もし減価償却費を過小に計上しているのを発見したら，正しい減価償却費を計上した場合の利益を計算し，それを企業の実態としてとらえる必要があります。

　また，減価償却費を過小に計上すると，本来払わなくてもいい税金を払うことになります。

　たとえば，減価償却費を8過小計上して税引前当期純利益が10であった場合を例として考えます。税率を40%とすると，$10 \times 40\% = 4$ の納税が必要ですが，正しく減価償却費を費用計上していれば税額は $(10-8) \times 40\% = 0.8$ となり，キャッシュの減少が3.2少なくて済みます。

3 キャッシュ・フローを定義する

　今まで，キャッシュ・フローの重要性について説明してきましたが，ここで，キャッシュ・フローの定義を明らかにしましょう。

　キャッシュ・フローの定義を明らかにするにあたってはまず，資金やキャッシュ・フローに関連してよく使われる用語をあげ，それぞれの意味を解説することにします。これから説明する用語は，今までどこかで耳にされたものばかりでしょうが，本質的な意味を理解しているかどうか確認しながら読み進めていってください。

❶現預金

　現金と預金をあわせたものを現預金といいます。現金とは，事業活動で保有されている手許の資金です。現金には紙幣や通貨だけでなく，金銭と同一の性格を持つものも含まれます。たとえば，まだ銀行に預入していない小切手や期限の到来した公社債の利札も現金に含まれます。

　預金には，銀行や信託会社等の金融機関に対する，各種の預金や金銭信託が含まれます。

❷手許流動性

　手許流動性とは，❶の現預金に有価証券を加えたものです。

　有価証券は，上場有価証券や国債等であれば比較的すぐに換金することができるので，手許流動性は比較的すぐに現金化できる資産の総和であるといえます。

　ただし，貸借対照表を見て，資金化できる有価証券がどれだけあるかを調査する場合には勘定科目内訳書を見て，市場で値のつく株式や債券について，どのような銘柄がどれくらいずつあるかを明らかにする必要があります。また，株式等は時々刻々と価格が変動することも忘れては

なりません。昨日の価格を新聞で見て，「よし，○○円になるな」と思っていざ売ってみたら，思ったより低い金額だったということがありますし，売買の手数料も必要になります。有価証券を金融機関に借入の担保として差し入れている場合もありますので注意が必要です。

ここで，手許流動性という資金のもつ意味について考えて見ましょう。手許流動性は現預金に有価証券を加えたものですが，毎日，日々の資金繰りを締めた時点で現預金がプラスであれば企業は倒産しません。万一，マイナスになりそうな日があって，借入等により資金手当てができそうもない場合，有価証券をそのマイナスになりそうな日までに資金化できれば，企業は倒産しないということになります。資金繰りの管理については第2章で詳しく解説していますのでそちらも参照してください。

❸ 当座資産

> 当座資産 ＝ 現預金 ＋ 有価証券 ＋ 売上債権

当座資産とは，❷の手許流動性に売上債権を加えたものです。ここで売上債権とは，受取手形と売掛金を合わせたものです。

売上債権のうち，受取手形は金融機関により手形割引をしてもらえればすぐ現金化が可能ですし，手形の満期日に手形が支払人により決済されれば資金化されます。売掛金は，相手の支払日に相手の資金繰りになにごともなければ入金になります。このように，当座資産は比較的早期に資金化できる資産といえますが，一方で，比較的早期に支払わなければならない仕入債務（仕入債務＝支払手形＋買掛金）のような負債があることを念頭に入れなければなりません。つまり，当座資産はすべてが自由に使えるカネとはいえないということです。

入金だけを見て，支払いを忘れてはいけません。「そんなことはわかっている」とおっしゃる方がいるかもしれませんが，会社が危機に陥っ

た状況下では，支払い予定の計上漏れによってあわてふためくといったことがよく起こります。冷静にもれなく事実をつかむ姿勢をつらぬくのはどんなときにも大切です。

❹正味運転資本

> 正味運転資本 ＝ 流動資産 － 流動負債

正味運転資本とは，流動資産から流動負債を引いたものです。

ここではまず，「流動資産」と「流動負債」とは何かということから考えていきましょう。資産を現金化するために要する期間，あるいは，負債を決済しなければならない期限までの期間が短期であるか長期であるかに着目して，資産は「流動資産」と「固定資産」に，負債は「流動負債」と「固定負債」にそれぞれ区分されます。

短期と長期を区分する基準には，1年以内を短期，1年超を長期とする「1年基準（ワン・イヤー・ルール）」と，正常な営業循環過程の期間以内であれば1年を超えても短期，その期間を超えれば長期とする「営業循環基準」があります。ここでいう「営業循環過程の期間」とは，営業活動として現預金を使って材料などを買い入れ，加工・保管し，販売して，現預金として回収するまでの期間を指します。

主たる営業にかかわる売上債権（受取手形や売掛金等）や仕入債務（支払手形や買掛金等）については，回収期間や決済期間が1年を超えてもそれぞれ，「流動資産」「流動負債」に計上することになっています。

正味運転資本は，「流動資産」から「流動負債」を引いているので，❸の当座資産のところで指摘した支払いを考慮していないという問題は解決されています。

しかしながら，営業循環過程の期間が長い企業であったり，受取手形や売掛金の中に回収不能なものが含まれていたり，在庫等の棚卸資産の

中に陳腐化したものが含まれていたりした場合には，流動資産は短期に現金化できる資産の総和であるとは言えません。したがって，正味運転資本は，自由に使えるカネがいくらあるかを表しているとはいえません。

❺運転資金

> 運転資金 ＝ 売上債権（受取手形 ＋ 売掛金）＋ 棚卸資産
> 　　　　－ 仕入債務（支払手形 ＋ 買掛金）

この式の意味は，販売したがまだ代金を回収できていない売上債権の金額相当額と，まだ販売されていない棚卸資産の金額相当額は資金として必要ですが，一方で仕入債務相当額のお金は一定の期限まで支払いを猶予されているので，その分を差し引いた金額は，企業が経常的に事業活動を行うために必要な資金であるということになります。

多くの企業では，売上債権の回転期間よりも，支払債務の回転期間のほうが短いので，運転資金が必要になります。

ここで注意しなければならないのは，企業によっては，売上債権や仕入債務以外にも，日常的に発生する勘定があるということです。たとえば，流動資産の未収金，流動負債の未払金がそれにあたります。これらの勘定の額が，比較的大きければ，先ほどの式を

> 運転資金 ＝ 売上債権（受取手形 ＋ 売掛金）＋ 未収金 ＋ 棚卸資産
> 　　　　－ 仕入債務（支払手形 ＋ 買掛金）－ 未払金

として，運転資金額を算定してみるとよいでしょう。

このように，運転資金は公式を暗記して杓子定規に計算するのではなく，企業が経常的に必要としている金額はいくらなのかを実態に即して，各勘定科目の中身を掘り下げながら算出する姿勢をもつことが大切です。

運転資金は，企業が経常的な活動の中で必要な資金を表しています。企業活動には，設備投資や，過去の借入金の返済もあるのですが，これらの資金についてはここでは考慮されていません。

❻キャッシュ・フロー

キャッシュ・フローの定義は「ある期間（通常は1年間）の事業活動において，流入したキャッシュから，流出したキャッシュを引いたもの」です。ここでキャッシュとは，「現金および現金同等物」のことです。「現金」とは，手元現金，要求払預金（当座預金，普通預金，通知預金など）をいい，「現金同等物」とは，容易に換金が可能であり，かつ，価格の変動についてわずかなリスクしか負わない短期投資をいいます。現金同等物には，取得日から満期日または償還日までの期間が3カ月以内の短期投資である定期預金，譲渡性預金，コマーシャル・ペーパー，売戻し条件付現先，公社債投資信託などが含まれます。

❼フリー・キャッシュ・フロー

フリー・キャッシュ・フローとは，企業が本来の事業活動によって生み出すキャッシュ・フローのことです。ここで，「フリー」とは，企業が資金の提供者（金融機関や社債権者のような債権者，および株主である投資家）に対して自由（フリー）に分配できるキャッシュという意味です。

フリー・キャッシュ・フローは以下の式で計算されます。

```
フリー・キャッシュ・フロー ＝ 営業利益 ×（1 － 実効税率）
　　　　　　　＋ 減価償却費等の非資金費用 － 増加運転資金 － 設備投資額
```

ここで，この式を構成するそれぞれの項目についてみていきましょう。

- 営業利益×（1－実効税率）

この式の意味は，税引後営業利益を算出していることになります。

フリー・キャッシュ・フローは本来の事業活動から生み出されるキャッシュ・フローなので，その出発点は営業利益となります。

実効税率とは，法人税や事業税など企業が実際に課される税金の税率のことです。この式で算出される税金の額は，負債もなく，営業活動以外からの利益がない企業が支払う税額ということになります。

損益計算書における法人税等の額は，「営業活動によらない利益（すなわち営業外収益や特別利益）を含み，一方で営業外損失によらない損失（すなわち営業外費用や特別損失）を控除した利益」に対して計算されています。

一方，フリー・キャッシュ・フローを計算する際に算出する税額は企業の財務活動や営業以外の活動がキャッシュ・フローに与える影響を排除するために計算されているといえます。本来は，支払利息が必要となる負債を増加させれば，税額は圧縮されるのですが，そのような税額圧縮の影響を取り除いた仮想の税額を算定しているのです。

- 減価償却費等の非資金費用

減価償却費は，営業利益を算出する際には費用として控除されていますが，他の費用と違って，資金の流出はありません。また，資金の流れから見ると，減価償却の対象となる有形固定資産を取得した時点で資金が流出しているので，さらに減価償却費を資金の流出としてとらえてしまうと，二重に資金が流出することになってしまいます。そこで，営業利益をベースにしてキャッシュ・フローを計算する際には減価償却額を加える必要があるのです[注]。

注：ただし，投資サイクルの早い資産についての減価償却費については非資金費用ではなく資金的費用として取り扱う必要があります。

同様に，諸引当金も，営業利益を算出する際には費用として控除されていますが，資金の流出はありませんので，減価償却費と同様に加える必要があります。

- 増加運転資金

売上債権（受取手形と売掛金）や棚卸資産の増加額，仕入債務（支払手形や買掛金）の減少額などのように，企業が営業活動を継続するうえで，必要となる資金の増加額を増加運転資金といいます。

売掛金はまだキャッシュになっていない資産であり，売掛金が回収されて売掛金が減少するときにキャッシュになります。このように，売掛金の増減はキャッシュの流出入に直接結びついているので，キャッシュ・フローを計算する際に調整する必要があります。受取手形や，棚卸資産や仕入債務についても同様です。

- 設備投資額

企業が継続的に事業活動を行うためには，工場・店舗の建設や機械・設備の購入などの固定資産への投資が必要です。継続的な事業活動を行うための設備投資額は，キャッシュ・フローから差し引く必要があります。

4 融資とキャッシュ・フロー

いうまでもないことですが，融資はキャッシュにより返済されます。融資がキチンと返済されるか否かは，キャッシュ・フローを見極めて判断しなければなりません。売上が順調だったり黒字だったりすれば融資を返済できるのではなく，融資の返済に充当するキャッシュ・フローを獲得できるから融資を返済できるのです。

❶融資判断では3つのポイントをおさえよう

　第一のポイントは，資金の必要性（必要事情と金額）が妥当であるか否かです。

　資金の必要性の検証は，たとえば運転資金なら，

> 運転資金 ＝ 売上債権（受取手形 ＋ 売掛金）＋ 棚卸資産
> 　　　　　－ 仕入債務（支払手形 ＋ 買掛金）

の式に照らして，必要な借入金額の中での申し出かどうか，設備資金なら，設備投資の目的・金額は納得できるものかどうかを判断します。

　第二のポイントは，資金使途（支払先と時期）です。

　企業は借入れた資金を，どこかに支払います。運転資金が必要ならば，調達した資金は支払手形や買掛金の決済等に使われるはずです。設備資金が必要なら，調達した資金は設備の購入先に支払われるはずです。

　資金の必要性が認められても，支払先が「資金の必要性」で検討した内容と異なっていたら，その融資が本当に必要な理由は別にあるはずであり，再検証が必要です。

　第三のポイントは，償還財源です。

　償還財源は，本業によって獲得されるキャッシュ・フローにより確保されなければなりません。

　将来，本業から稼ぎ出せるキャッシュ・フローはいくら見込まれるのか，また本件融資の返済以外で設備投資や本件融資以外の融資の返済等に使用されるキャッシュ・フローはいくらあって，その結果本件融資の返済に充当できるキャッシュ・フローはいくらあるのかを判断します。その結果，本件融資の償還財源を確保できると判断できるなら融資を採り上げられます。

　また，償還財源が万一不足しそうになったときに，充当できる自己資金はあるか，借入れによる調達が可能かについても検証しておきます。

とくに取引行が複数ある場合には，他行の支援姿勢についても検証しておくべきです。

❷償還財源はどうやって算出するのか

中小企業では，多くの場合キャッシュ・フロー計算書は存在しません。では，償還財源となるキャッシュ・フローをどうやって計算したらよいのでしょうか。

償還財源を検討するうえでは，損益計算書から

> キャッシュ・フロー ＝ 当期純利益 ×（1 － 実効税率）－（配当金 ＋ 役員賞与）＋ 減価償却費等の非資金費用

として計算します。

ここで注意すべき点が3つあります。

第一の注意点は，償還財源を計算するには，将来のキャッシュ・フローを予測しなければならないということです。融資の返済は，将来のキャッシュ・フローから行われます。将来を見通すために，過去の数値を分析することは重要です。たとえば，環境が大きく変わらない限り，同じビジネスを続けていれば，過去と同程度のキャッシュ・フローを獲得できるのではないかと予測します。先ほどのキャッシュ・フローを計算する式はあくまで，過去の損益計算書を活用しているという点を忘れないでください。

第二の注意点は，当期純利益をベースにキャッシュ・フローを算定した場合には特殊要因が含まれているかもしれないということです。当期純利益を算定するうえでは，臨時的な損益である特別損益が加算されています。そこで，企業の経常的な実力を知る場合には，当期純利益を経常利益に置き換えて，

> キャッシュ・フロー ＝ 経常利益 × (1 － 実効税率) －(配当金
>   ＋ 役員賞与) ＋ 減価償却費等の非資金費用

として計算してみるとよいでしょう。

　第三の注意点は，キャッシュ・フローのすべてが償還財源として使われるわけではないということです。企業は獲得したキャッシュ・フローをすべて返済に使うわけではありません。企業が存続するためには設備投資が不可欠です。企業は獲得したキャッシュ・フローを設備投資にもまわします。あるいは，売上が増加して増加運転資金が必要になるかもしれません。

　したがって，将来のキャッシュ・フロー額を推計したら，その後に，設備投資に必要な金額や増加運転資金等を控除して，償還財源として使える金額はいくらになるのかを考えなければなりません。

❸フリー・キャッシュ・フローとの相違点を整理する

　先ほど紹介した，融資の償還財源を算出するときに用いるキャッシュ・フローの計算式の理解を深めるため，31ページで紹介したフリー・キャッシュ・フローの式と比較してみましょう。

> キャッシュ・フロー ＝ 経常利益 × (1 － 実効税率) － (配当金
>   ＋ 役員賞与) ＋ 減価償却費等の非資金費用　　……A式
> フリー・キャッシュ・フロー ＝ 営業利益 × (1 － 実効税率)
>   ＋ 減価償却費等の非資金費用 － 増加運転資金 － 設備投資額
> 　　　　　　　　　　　　　　　　　　　　　　　　……B式

　いま，上の，キャッシュ・フローを計算する式をA式，下のフリー・キャッシュ・フローを計算する式をB式とします。

　まず気づくのは，A式では，経常利益が使用されているのに対し，B

式では営業利益が使用されている点です。経常利益は、営業利益に営業外収益を加え、営業外費用を引いて算出されます。多くの中堅・中小企業にとって借入金は不可欠であり、したがって営業外費用に計上される支払利息の負担は、企業経営上不可欠です。

経常利益をベースに算出したA式では、利息負担を控除した後のキャッシュ・フローを計算しています。つまり、利息を全額払った後で、借入金の「元金」をいくら返せるかという額を計算しているのです。これに対し、B式では、利息も含めて債権者にいくら返せるかという計算をしています。

次に気づく相違点は、B式では増加運転資金と設備投資額を控除していますが、A式では控除していない点です。

これは、フリー・キャッシュ・フローは資金の提供者にどれだけのキャッシュを配分できるかを示すのが目的だからです。同様の理由で、B式では（配当金＋役員賞与）も控除されないのです。

❹キャッシュ・フローと償還財源について再び考える

A式においては、償還財源を検討するためにキャッシュ・フローを計算しました。

ここで重要なのは、あくまで将来のキャッシュ・フローを考えなければならないということです。ですから、将来、設備投資や増加運転資金が必要なら、その金額は控除して、将来の償還財源を考えなければなりません。

皆さんがもし、金融機関にお勤めなら、自己査定において、債務償還年数を計算する際、各金融機関でルール化された償還財源を計算する式があることでしょう。しかしながら、融資の可否を判断するために償還財源を計算する際には、自己査定の際の計算式に機械的に当てはめればよいというわけではありません。

「将来の設備投資額や増加運転資金もきちんと考慮して，償還財源を検討する。公式に当てはめて，杓子定規に判断しない」。これこそプロの融資担当者が持つべき姿勢です。

5 キャッシュ・フロー計算書を理解しよう

次に，キャッシュ・フロー計算書について学習しましょう。キャッシュ・フロー計算書は，株式公開企業に対して2000年3月期から，連結キャッシュ・フロー計算書を財務諸表のひとつとして作成することが義務づけられました。

中堅・中小企業では，キャッシュ・フロー計算書を作成していないことが多いのですが，ここでは，キャッシュ・フロー計算書の構造と意味を理解し，自分で貸借対照表と損益計算書からキャッシュ・フロー計算書を作成できるレベルに達することを目標としてください。

そこまで到達すれば，融資判断に必要な財務諸表の読み込みがかなりのレベルまでできるようになったといえるでしょう。

❶キャッシュ・フロー計算書の構造

キャッシュ・フロー計算書は，一定期間（通常は1年間）におけるキャッシュの流入と流出を表したものです。資金の流出入の要因別に3つの部分から構成されています。3つの部分とは，営業活動によるキャッシュ・フロー，投資活動によるキャッシュ・フロー，財務活動によるキャッシュ・フローです。

以下，それぞれの概要を見ていきましょう。

❷営業活動によるキャッシュ・フロー

営業活動とは，企業の主たる収益獲得活動のことです。

営業活動によるキャッシュ・フローは，商品や製品を販売した収入から，商品や原材料の仕入れや人件費などの営業活動にかかる支出を差し引いたものです。

ただし，注意しなければいけないのは，この後説明する，他の2つのキャッシュ・フロー，すなわち投資活動によるキャッシュ・フローと，財務活動によるキャッシュ・フローに含まれないその他の活動によるキャッシュ・フローもこの営業活動によるキャッシュ・フローに含まれるということです。たとえば，災害による保険金収入や損害賠償金の支払いは，営業活動キャッシュ・フローに含まれます。

営業活動によるキャッシュ・フローは，投資・営業活動以外のキャッシュ・フローを除けば，本業でどれだけのキャッシュを獲得できたかを示しています。

❸投資活動によるキャッシュ・フロー

投資活動とは，長期資産の取得，処分ならびに現金同等物に含まれないその他の投資の取得および処分のことです。

投資活動によるキャッシュ・フローは，不動産や有価証券の売却などによる収入から，固定資産の取得や，債券・株式などの取得による支出を差し引いたものです。将来キャッシュ・フローを生み出す源泉に対し，どれぐらいの投資を行ったのかを示しています。

投資活動によるキャッシュ・フロー計算書からは，将来のキャッシュ・フローを生み出すための投資は十分であったか，投資活動が財政状況にどのような影響を与えたのかといった判断を行ううえでの材料が入手できます。

❹財務活動によるキャッシュ・フロー

財務活動とは，当該企業の資本および借入の規模と構成に変動をもた

らす活動のことです。

　財務活動によるキャッシュ・フローは借入れや社債の発行などによる資金調達から，借入金の返済，社債の償還などによる支出を差し引いたものです。

　財務活動によるキャッシュ・フロー計算書からは，営業活動と投資活動によって生じた資金の過不足が，いかにして調整されたか，それは財政にどのような影響を与えたのか，といったことが読み取れます。

❺キャッシュ・フロー計算書の作成

　キャッシュ・フロー計算書を作成するにあたり，営業活動によるキャッシュ・フローの算出にあたっては2通りのやり方があります。

　第一の作成法は，「直接法」と呼ばれます。直接法は，キャッシュ・フローを伴うあらゆる取引を合算していく方法です。あらゆる経営活動を漏れなくとらえることができるというメリットがある一方で，あらゆる取引についてキャッシュ・フローが増減するか否かを確認していかなければならないので煩雑な事務手続きが必要になります。

　第二の作成法は，「間接法」と呼ばれます。間接法は，損益計算書の税引前当期純利益から出発して，必要な調整を加えていくやり方です。必要な調整は，貸借対照表と損益計算書を利用として行います。貸借対照表は2期分用意して，2期間の増減を算出する必要があります。

　貸借対照表と損益計算書から作成できるので，融資判断のためには間接法を利用するのが有効です。

　以下に，直接法（図表1－3）と間接法（図表1－4）によるキャッシュ・フロー計算書を示しておきます。

図表1-3　直接法によるキャッシュ・フロー計算書

Ⅰ．営業活動によるキャッシュ・フロー	
営業収入	××
原材料又は商品の仕入支出	▲×××
人件費支出	▲×××
その他の営業支出	▲×××
小計	×××
利息及び配当金の受取額	×××
利息の支払額	▲×××
損害賠償金の支払額	▲×××
………………	×××
法人税等の支払額	▲×××
営業活動によるキャッシュ・フロー	×××
Ⅱ．投資活動によるキャッシュ・フロー	
有価証券の取得による支出	▲×××
有価証券の売却による収入	×××
有形固定資産の取得による支出	▲×××
有形固定資産の売却による収入	×××
投資有価証券の取得による支出	▲×××
投資有価証券の売却による収入	×××
連結範囲の変更を伴う子会社株式の取得	▲×××
連結範囲の変更を伴う子会社株式の売却	×××
貸付による支出	▲×××
貸付金の回収による収入	×××
………………	×××
投資活動によるキャッシュ・フロー	×××
Ⅲ．財務活動によるキャッシュ・フロー	
短期借入れによる収入	×××
短期借入金の返済による支出	▲×××
長期借入れによる収入	×××
長期借入金の返済による支出	▲×××
社債の発行による収入	×××
社債の償還による支出	▲×××
株式の発行による収入	×××
自己株式の取得による支出	▲×××
親会社による配当金の支払額	▲×××
少数株主への配当金の支払額	▲×××
………………	×××
財務活動によるキャッシュ・フロー	×××
Ⅳ．現金及び現金同等物に係る換算差額	×××
Ⅴ．現金及び現金同等物の増加額	×××
Ⅵ．現金及び現金同等物期首残高	×××
Ⅶ．現金及び現金同等物期末残高	×××

図表1-4　間接法によるキャッシュ・フロー計算書

Ⅰ．営業活動によるキャッシュ・フロー		
	税金等調整前当期純利益	×××
	減価償却費	×××
	連結調整勘定償却額	×××
	貸倒引当金の増加額	×××
	受取利息及び受取配当金	▲×××
	支払利息	×××
	為替差損	×××
	持分法による投資利益	▲×××
	有形固定資産売却益	▲×××
	損害賠償損失	×××
	売上債権の増加額	▲×××
	棚卸資産の減少額	×××
	仕入債務の減少額	▲×××
	………………	×××
	小計	×××
	利息及び配当金の受取額	×××
	利息の支払額	▲×××
	損害賠償金の支払額	▲×××
	………………	×××
	法人税等の支払額	▲×××
	営業活動によるキャッシュ・フロー	×××
Ⅱ．投資活動によるキャッシュ・フロー		
		（様式1に同じ）
Ⅲ．財務活動によるキャッシュ・フロー		
		（様式1に同じ）
Ⅳ．現金及び現金同等物に係る換算差額		×××
Ⅴ．現金及び現金同等物の増加額		×××
Ⅵ．現金及び現金同等物期首残高		×××
Ⅶ．現金及び現金同等物期末残高		×××

❻キャッシュ・フロー計算書を読む

　キャッシュ・フロー計算書を読むときにまずわかりにくい点は，科目名に「…増加額」や「…減少額」，「…損」や「…益」といった異なることばが出てくることです。

　これらのことばに惑わされず，まず「金額欄がプラスならキャッシュが増加した，金額欄がマイナスならキャッシュが減少した」ということを基準に読むようにすると理解しやすいでしょう。

　3つのキャッシュ・フローの中で一番重要なのは，営業活動によるキャッシュ・フローです。なぜなら，本業でどれだけのキャッシュを獲得できたかがわかるからです。

　営業活動によるキャッシュ・フローはプラスである必要があります。営業活動キャッシュ・フローがマイナスでは，借入金の返済も，設備投資に資金を投入することも，配当金を支払うこともままならなくなり，企業を維持することが困難になります。

　投資活動によるキャッシュ・フローは，通常マイナスとなります。なぜなら，事業活動を維持するためには投資は不可欠だからです。ただし，本業に不可欠な投資ではない投資を行っている場合もありますから，どのような投資を行ったか内容を見極める必要があります。

　投資活動によるキャッシュ・フローは営業活動によるキャッシュ・フローの範囲内でまかなわれることが理想ですが，企業によっては定期的に大規模な投資を必要とする場合があったり，命運をかけた大規模な投資を行う場合があったりします。この場合は，次回の投資までに，営業によるキャッシュ・フローで十分投資した金額が回収されるか否かがポイントになります。

　財務活動によるキャッシュ・フローは，営業活動・投資活動を維持するために，どれだけの資金調達と返済が行われたかを示しています。営業活動によるキャッシュ・フローと投資活動によるキャッシュ・フロー

をよく読みこんでなぜ，資金の調達あるいは返済が行われたのかを考えるようにしましょう。

金融機関の融資担当者からみれば，昨年度の融資取引の結果が財務活動によるキャッシュ・フロー計算書に示されているのです。

でも，それは昨年度の結果です。結果を見てから行動したのでは競争に勝てません。融資担当者には，キャッシュ・フロー計算書がどうなるかを予測して，先に融資セールスを仕掛ける力が必要です。

6 融資推進とキャッシュ・フロー

34ページで融資判断のポイントについて説明しましたが，その前に融資を実行することが融資担当者の使命ですから，まずは融資のチャンスをつかめなくてはなりません。

どうすれば，融資のチャンスをつかんで，良質な貸出資産を積み上げていくことができるのかこれから学習しましょう。

❶融資のチャンスはどこにあるか

融資のチャンスはいうまでもなく，企業が資金を必要とするときです。代表的なパターンとして以下の3パターンがあります。

増加運転資金，設備資金，経常資金（返済しわ補填資金）の3パターンです。以下それぞれについて説明します。

❷増加運転資金

企業には，運転資金＝売上債権（受取手形＋売掛金）＋棚卸資産－仕入債務（支払手形＋買掛金）の分のキャッシュが必要です。多くの企業では，売上債権と棚卸資産の合計は，仕入債務より大きくなるからです。まずここに融資のチャンスがあります。

次に，増加運転資金が必要な場合に融資のチャンスがあります。増加運転資金については，2つのパターンが考えられます。

ひとつは，単純に売上が増加する場合です。すなわち，販売や仕入の取引条件に変更はないために売上債権や棚卸資産や仕入債務の回転期間は不変ですが，売上が増加したために追加の資金が必要なる場合です。この場合は，決算書を見て融資を仕掛けたのでは遅すぎます。毎月企業の状況をウォッチしておく必要があります。毎月試算表を入手して企業の動向をつかんでおくことが理想的ですが，試算表も過去の結果です。したがって試算表を入手するだけでなく，訪問時の日常会話で売上の傾向をつかむようにする必要があります。特にメーカーの場合には，先の受注状況がわかる場合が多いので，これを聴き出せれば増加運転資金の必要状況がわかります。

もうひとつは，売上は変わらなくても，販売や仕入の取引条件が変わることにより，売上債権や棚卸資産の回転期間が増加した場合あるいは仕入債務回転期間が減少する場合です。この場合は，納得のいく理由があるかどうか調査します。

売上債権に回収できないものが発生したり，陳腐化した在庫が増加したり，信用が低下して仕入先から早期の現金払いを要請されたりしている場合は要注意です。

キャッシュ・フロー計算書の営業活動によるキャッシュ・フローを思い出してください。売上債権や棚卸資産が増加すると営業活動によるキャッシュ・フローの減少要因になりそれだけキャッシュ・フローが不足するのです。そこに融資のチャンスがあるということです。増加運転資金が発生した後でも営業活動によるキャッシュ・フローがプラスなら借入れを増加させる必要はないという考え方もありますが，増加運転資金が必要になる前と，企業が資金繰りに同じ程度の余裕を持つためには増加運転資金分の借入れは必要になります。だからセールスのチャンスな

のです。

❸設備資金

　軽微な設備投資であれば，営業活動によるキャッシュ・フローで十分賄うことも可能ですが，ある程度の規模を超える設備投資を行う場合にはキャッシュ・フローが不足するので，企業は借入れが必要になります。ここに，融資のチャンスが発生します。

　この場合，設備投資に投下するキャッシュが，将来きちんと営業活動によるキャッシュ・フローを生み出し，返済原資を確保できるかどうかを見極めなければなりません。

❹経常資金（返済しわ補填資金）

　多くの企業では，営業活動によるキャッシュ・フローよりも，既存の借入れに対する返済額が多くなります。つまりキャッシュ・フロー計算書でいうと，営業活動によるキャッシュ・フローがプラスでも，財務活動によるキャッシュ・フローにおける借入金の返済額がそれを上回る場合です。この場合，借入れが必要になります（このための資金を「返済しわ補填資金」と呼ぶ場合があります）。

$$\text{キャッシュ・フロー} = \text{当期純利益} \times (1 - \text{実効税率}) - (\text{配当金} + \text{役員賞与}) + \text{減価償却費等の非資金費用}$$

　この先1年間の企業のキャッシュ・フローを上の式を使って予測し，年間借入返済額がキャッシュ・フローを上回るか否かを判断します。もし上回るならその分融資のチャンスがあるということです。

　いま説明したことは，キャッシュ・フローを全額返済にまわしても，キャッシュが足りないということを意味します。このほかに企業には設備投資のための資金や増加運転資金が必要になります。

❺融資を推進するために

　融資を推進するためには，ただやみくもにセールスしてもうまくいきません。「とにかく借りてください」とお願いするだけでは，担当者として信頼を獲得できません。

　企業がなぜ資金が必要なのかを，ヒアリングや財務データから読み取って，融資セールスを仕掛けていくのが，プロの融資担当者です。このスタンスでやりとりを積み重ねていけば，企業の信頼を獲得することができ，情報が企業側から入ってくるようになります。

　融資担当者に求められるのは，過去の財務データとヒアリングから将来のキャッシュ・フローを予測する力です。そして資金の必要性と償還財源の見通しを判断するのです。これができるようになれば攻めも守りも自由自在です。

7　キャッシュ・フローの改善を融資先企業にアドバイスする

　融資担当者は融資を推進するだけでは，他の金融機関の担当者に差をつけることはできません。取引先に経営上の助言もできるようになりたいものです。

　ここではキャッシュ・フローの改善策について学習し，融資先にアドバイスを送るためのヒントを示します。

❶貸借対照表の改善によるキャッシュ・フローの捻出

- 受取サイトの改善（回収を早めて，受取手形や売掛金を減らします）。
- 支払いサイトの長期化（支払いを遅くして，支払手形や買掛金を増やします。ただし，支払いを遅くすると信用不安情報につながる危険があります）。
- 未収金や仮払金として固定化しているものを回収する（もうだめだ

とあきらめなければ，意外と回収できる場合もあります）。
- 有価証券や会員権等の本業に不要な資産を売却する（よく，「これは取引先の株式だから売却できない」と言う経営者がいますが，実は売ることができる場合がよくあります）。
- 遊休不動産あるいは，事業規模に比べて広大となっている土地や施設の一部分を売却する。
- 自己所有の事業用施設を売却し賃借に切り替える（華美で過大な本社社屋などを売却するという意味です）。
- 取引先や関連会社や経営者一族から増資を受け入れる。

❷損益計算書の改善によるキャッシュ・フローの捻出
- 材料費や運賃等の削減を図る。
- 人件費を変動費化する（業務に繁閑がある場合，忙しさに応じて人員を変動できるようにするという意味です）。
- 役員報酬を適正化する(役員報酬が過大である場合がよくあります)。
- 交際費や，経営者一族の家賃負担を削減する。

❸経営全体の改善によるキャッシュ・フローの捻出
- 経営者がキャッシュ・フローを意識した経営を行う（これこそが一番大切なポイントです。この気持ちがない限り，すべての行動は起こりません。売上高を伸ばすことは大事ですが，キャッシュが伴ってこその話です）。
- キャッシュ・フローを管理する仕組みを作る。
- 何種類か事業を行っている場合，コアな事業でない事業をM＆Aにより売却する。
- 逆に，本業を増強できるような事業をM＆Aにより購入する（一時的にキャッシュ・フローは減少しますが，中長期的には増加しま

す）。
- 不採算事業から撤退する（わかっていてもできない企業をよく見かけます。経営トップの決断力・リーダーシップが求められます）。

EXERCISE
練習問題

❶キャッシュ・フローの基礎知識

【問題1】 次の場合，キャッシュ・フローは増加しますか，減少しますか。
① 売掛金が減少した
② 受取手形が増加した
③ 棚卸資産が増加した
④ 買掛金が減少した
⑤ 支払手形が増加した

【問題2】 次の場合，キャッシュ・フローは増加しますか，減少しますか。
① 資産（現金および現金同等物を除く）が増加した
② 資産（現金および現金同等物を除く）が減少した
③ 負債が増加した
④ 負債が減少した
⑤ 資本が増加した
⑥ 資本が減少した

解 答

【問題1】 ①増加，②減少，③減少，④減少，⑤増加

【問題2】 ①減少，②増加，③増加，④減少，⑤増加，⑥減少

　この設問に迷うことなく解答できるようになれば，貸借対照表や損益計算書を，キャッシュ・フローの観点から読みこなす土台ができたといえるでしょう。まだ不安の残る人は，もう一度本文に立ち返って復習してください。

❷キャッシュ・フロー計算書の作成

次に掲げるA社の貸借対照表と損益計算書を見て設問に答えてください。

貸借対照表

(単位：百万円)

科　目	前々期	前期	科　目	前々期	前期
流　動　資　産	102	142	**流　動　負　債**	191	187
現金及び預金	20	24	支　払　手　形	40	44
受　取　手　形	22	25	買　掛　金	88	69
売　掛　金	33	42	短　期　借　入　金	32	42
棚　卸　資　産	22	45	未　払　法　人　税　等	0	0
そ　の　他	5	6	そ　の　他	31	32
固　定　資　産	315	289	**固　定　負　債**	116	137
要　償　却　資　産	294	268	長　期　借　入　金	116	137
投資その他の資産	21	21	**負　債　合　計**	307	324
			株　主　資　本	110	107
			純　資　産　合　計	110	107
資　産　合　計	417	431	**負債・純資産合計**	417	431
(割引手形)	76	74			

損益計算書

(単位：百万円)

	前々期	前期
売　　上　　高	592	531
売　　上　　原　　価	485	450
売　上　総　利　益	107	81
販　　管　　費	83	79
営　業　利　益	24	2
営　業　外　収　益	1	1
営　業　外　損　失	5	6
(うち支払利息)	(5)	(6)
経　常　利　益	20	−3
特　別　損　益	0	0
税引前当期純利益	20	−3
法　人　税　等	7	0
当　期　純　利　益	13	−3
(減価償却費)	26	26

【問題1】 以下の条件を考慮して，間接法で前期のキャッシュ・フロー計算書を作成してください。

条件1．営業外収益はすべて受取利息であったとします。

条件2．受取利息，支払利息は損益計算書で発生した金額と同額のキャッシュが流出入したとします。

条件3．前期は固定資産への投資を行いませんでした。

条件4．前期の短期借入金返済額は32百万円，長期借入金返済額は29百万円でした。

【問題2】 損益計算書からキャッシュ・フローを計算してください。

【問題3】 A社のキャッシュ・フローについてコメントしてください。

解答

【問題1】　Ⅰ．営業活動によるキャッシュ・フロー

税引前当期純利益	▲3
減価償却費	26
受取利息	▲1
支払利息	6
売上債権増減額	▲12
棚卸資産増減額	▲23
その他の流動資産増減額	▲1
仕入債務の増減額	▲15
その他の流動負債増減額	1
小計	▲22
利息の受取額	1
利息の支払額	▲6
営業活動によるキャッシュ・フロー	▲27

第1章●キャッシュ・フローこそ融資判断のポイント

Ⅱ. 投資活動によるキャッシュ・フロー		
		0
Ⅲ. 財務活動によるキャッシュ・フロー		
短期借入れによる収入		42
短期借入金の返済による支出		▲32
長期借入れによる収入		50
長期借入金の返済による支出		▲29
財務活動によるキャッシュ・フロー		31
Ⅳ. 現金および現金同等物の増減額		4
Ⅴ. 現金および現金同等物の期首残高		20
Ⅵ. 現金および現金同等物の期末残高		24

【問題2】　経常利益▲3＋減価償却費26＝23

> キャッシュ・フロー ＝ 経常利益×（1－実効税率）－（配当金
> 　　　　　　　　＋役員賞与）＋減価償却費等の非資金費用

【問題3】　（解答例）

　営業キャッシュ・フローが▲27と大きくマイナスになっており，大いに問題がある。税引前当期純利益が▲3と赤字であるのに加えて，売上債権が12増加したこと，棚卸資産が23増加したこと，仕入債務が15減少したことによりキャッシュが流出したのが，その主な要因である。

　営業活動キャッシュ・フローのマイナスを借入金の増加で賄っており，財務的に不完全な状況にある。

　また，設備投資も一切行っておらず，資金繰りが厳しい状況にあった様子がうかがえる。

【解　説】

　問題1と問題2を比べてください。問題2ではキャッシュ・フローはプラ

スとなっています。でも実態は，営業活動キャッシュ・フローは大きなマイナスです。営業活動キャッシュ・フローは▲27なのに，問2では，プラス23と計算され50も差額が出てしまいます。差額が大きいだけではなく，本当はキャッシュが足りないのにキャッシュに余剰があるかのように計算されてしまいました。

　問題2のやり方は，簡便にキャッシュ・フローを計算するうえでは，便利なのですがこの例のように落とし穴があります。

　問題2のやり方で簡便にキャッシュ・フローを計算するときにはあわせて，貸借対照表で増減した項目をチェックし，それがキャッシュ・フローにどのように影響しているかもあわせて考えなければなりません。練習問題❶の内容が頭に入っていればできるはずです。

（石川英文）

第2章

資金繰りと融資判断

　融資判断においては，融資先企業の資金繰りが，将来きちんと回るかどうか検証する必要があります。なぜなら，融資の返済は将来行われるからです。資金繰りがきちんと回らないようでは，将来の返済に支障をきたします。

　そこで，第2章では，企業の資金繰りを把握するためのツールとして「資金繰り表」「資金運用表」「資金移動表」の3点を採り上げ，それぞれの，特徴，作成方法，融資判断における活用方法などを学習します。

　また，融資先企業にアドバイスできるようになるため，資金繰り改善のポイントについても学習します。

　資金繰りの考え方を理解することにより，企業の資金ニーズを事前にとらえて融資へつなげる力，償還可能性を見極める力，資金繰り改善を企業にアドバイスする力が身につきます。

1 資金繰りとは？

　資金繰りとは，「収入と支出の時期・金額をやり繰りし，常に必要な資金を確保できている状態にすること」です。

　企業は，仕入代金や経費，給与の支払いを行うために，常に資金を必要とします。手形交換所規則によれば，資金が不足し，6カ月以内に手形や小切手の不渡りを2回発生させると，当座取引や借入れといった銀行取引が停止されます。

　また，手形取引を行っていない場合でも，そもそも代金を支払うことができなければ，商品や材料を仕入れたり，必要なサービスの提供を受けたりすることができなくなります。給与を支払わない企業では，必要な人材を確保することもままならなくなります。

　融資の採り上げに際しては，対象企業が，将来にわたって本業で安定してキャッシュ・フローを獲得できるかどうか，また資金繰りができているかどうか，見極めなければなりません。

2 資金繰りを把握するためのツール

　融資の申込みを受けると，金融機関は企業に貸借対照表（B／S）と損益計算書（P／L）の提出を求めます。しかし，B／SとP／Lから直接，企業の資金繰りを把握することはできません。利益＝資金，ではない（20ページ「利益とキャッシュの違いを理解しよう」を参照）からです。

　企業の資金繰りを把握するためには，B／SとP／Lをもとに，資金繰り表・資金運用表・資金移動表を作成することが有効です。これらの表を融資判断の各場面において使い分けていきます。

- 資金繰り表……過去および将来の収入と支出をそれぞれ内容ごとに分

類し，収支の金額と時期を計画的に管理するために作成します。企業が直近で資金ショートする危険性がないか，借入れを必要とする時期と金額が妥当であるかどうか，を見極めるうえで有効です。月次のP/LとB/S（月次残高試算表）をもとに作成します。

- **資金運用表**……B/S科目の残高変動から，企業の資金調達と運用の関係を把握するために作成します。企業の借入申込内容どおりに，資金が運用されるかどうか見極めるうえで有効です。また，企業が将来資金を必要とするかどうかを見極めて，融資の推進に役立てることもできます。2期分のB/Sをもとに，一部P/L科目を加味して作成します。
- **資金移動表**……P/L各損益区分の金額に，関連するB/S科目の残高変動を加味する形で，収支を把握するために作成します。償還財源として十分な資金を，本業で安定的に獲得しているかどうかを見極めるうえで有効です。2期分のB/Sと直近のP/Lをもとに作成します。

以下，それぞれの表について，作成方法と融資判断上の活用法を見ていきます。

3 B/Sの変化に着目する

皆さんは，企業の業績といえばP/Lを思い浮かべるでしょう。しかし，資金繰りを把握するためには，B/S科目の残高変動をとらえることが重要です。資金とB/Sがどのように関係するのか，簡単な例を用いて確認します。

図表2－1は設立後間もない〇〇社のB/Sです。100の出資により企業を設立し，設立後すぐに100の借入れを行いました。

〇〇社は第1期に本社建物を建設し100を支払い，商品を仕入れ50を

支払いました。第1期末のB/Sが図表2-2です。減価償却は考慮しません。第1期末のB/Sから，○○社は100の出資と100の借入れにより資金を調達し，商品50と建物100に資金を運用したことが把握できます。

さらに第2期に○○社は，商品を50で販売し，一方で25仕入れました。いずれも掛取引です。また，借入金を25返済しました。第2期末のB/Sが図表2-3です。売掛金は，将来資金になる資産という意味で資金の運用にあたります。また，買掛金は資金の流出を猶予されている

図表2-1　○○社設立直後のB/S

	借 入 金　100
現金預金　200	
	資 本 金　100

図表2-2　○○社　第1期末のB/S

現金預金　50	借 入 金　100
商　　品　50	
建　　物　100	資 本 金　100

図表2-3　○○社　第2期末のB/S

現金預金　25	買 掛 金　25
売 掛 金　50	借 入 金　75
商　　品　25	
建　　物　100	資 本 金　100

債務という意味で，資金調達にあたります。

以上より，B/Sと資金調達・運用の関係がわかります。

資産の増加 ＝ 資金の運用
負債・純資産の増加 ＝ 資金の調達

また，資金の運用は資金の減少，資金の調達は資金の増加ですから，

資産の増加 ＝ 資金の減少
負債・純資産の増加 ＝ 資金の増加

ということもできます。

4 資金繰り表で収支を管理する

❶資金繰り表の全体像

資金繰り表の基本的な構造は，以下のとおりです（図表2－4参照）。

前月繰越 ＋ 当月収入 － 当月支出 ＝ 次月繰越

資金調達に関する項目を財務収支として，資金調達以外の収支と区分します。資金繰り表は，収入額・支出額を集計する点で，直接法のキャッシュ・フロー計算書と似ています。ただし，キャッシュ・フロー計算書が発生要因（営業・投資・財務）で区分しているのに対して，資金繰り表は営業項目と投資項目を区分せず，収入と支出で区分している点が異なります。

❷資金繰り表の作成方法

資金繰り表は，計画的な収支の管理に用いられるため，本来は企業が作成すべきです。しかし，資金繰りを十分に管理していない，または資金繰りを管理する方法がわからない，といった中小企業が多く存在します。皆さん自ら資金繰り表を作成したり，作成のアドバイスを行ったりするために，資金繰り表の正しい作成方法を理解する必要があります。

図表2-4 資金繰り表

（平成　年　月　日作成）

項目			4月	5月	6月	7月	8月	9月
前　月　繰　越　金　(A)								
収入	売上代金	現　金　売　上						
		売　掛　金　回　収						
		手　形　期　日　落　ち						
		手　形　割　引						
	前　　受　　金							
	そ　　の　　他							
	収　入　合　計　(B)							
支出	仕入代金	現　金　仕　入						
		買　掛　金　支　払						
		手　形　決　済						
	賃　金　・　給　料							
	諸　　経　　費							
	前　　渡　　金							
	設　備　支　払							
	そ　　の　　他							
	支　出　合　計　(C)							
差　引　過　不　足　(A)＋(B)－(C)								
財務	借　　入　　金							
	借　入　金　返　済							
翌　月　繰　越　金								

平井謙一『資金4表の完全理解と実践応用』（生産性出版）

資金繰り表を作成する方法には，以下のようなものがあります。
- 現金・預金出納帳から作成する方法
- 総勘定元帳から作成する方法
- 月次残高試算表から作成する方法

現金・預金出納帳や総勘定元帳から資金繰り表を作成する方法を用いれば，摘要ごとに区分した詳細な資金繰り表を作成できますが，取引数

第2章●資金繰りと融資判断

によっては膨大な作業量になります。

　資金ショートを防止し，資金が不足する時点および不足額を把握するためには，月次残高試算表から資金繰り表を作成する方法で十分です。一部取引の増減を分析する必要がありますが，作成の手間が少ない方法です。以下，作成方法を説明します。

❸資金繰り実績表を作成する

　○×社の4月次残高試算表（図表2－5）を見てください。数字および勘定科目は簡略化してあります。一般的な月次残高試算表は，前月繰越と次月繰越の間に勘定科目ごとの増減額が区分されており，資金繰り表の作成に利用することができます。

　ここで，注意すべき点があります。資産の各勘定科目は，①の借方が増加額，②の貸方が減少額であるのに対して，負債・純資産の各勘定科目は，①の借方が減少額，②の貸方が増加額であることです。

　たとえば，現金預金は前月繰越60＋①160－②148＝次月繰越72です。買掛金は前月繰越60＋②65－①55＝次月繰越70です。

- 売上収入

　売上収入は，現金売上，売掛金回収，受取手形期日落ちに区分できます。受取手形期日落ちとは，売上代金が手形期日に入金されることをいいます。○×社では，売掛金は全額，現金預金で回収するものとします。

　P/Lから，○×社の4月売上高は150であることが確認できます。対して，B/Sの増加欄①から，受取手形が20，売掛金が120増加していることが確認できます。掛取引でもなく，手形取引でもない売上が現金売上ですので，以下の算式で現金売上を計算します。

　　4月売上高150－（受取手形の増加20＋売掛金の増加120）

　　　＝現金売上10

　②貸方からは，売掛金が115減少していることが確認できます。売掛

図表2-5 ○×社の4月次残高試算表

○×社　4月
残高試算表（B/S）

勘定科目	前月繰越	①借方	②貸方	次月繰越
現金預金	60	160	148	72
受取手形	50	20	35	35
売掛金	100	120	115	105
棚卸資産	70	75	70	75
前払費用	5	10	5	10
その他流動資産	30	0	0	30
流動資産計	315	385	373	327
減価償却資産	130	10	5	135
土地	150	0	0	150
その他固定資産	50	0	0	50
固定資産計	330	10	5	335
繰延資産	0	0	0	0
資産合計	645	395	378	662
支払手形	10	10	15	15
買掛金	60	55	65	70
短期借入金	70	2	0	68
未払費用	5	5	3	3
その他流動負債	20	0	0	20
流動負債計	165	72	83	176
長期借入金	200	3	0	197
固定負債計	200	3	0	197
負債合計	365	75	83	373
資本金	90	0	0	90
繰越利益剰余金	190	0	9	199
純資産合計	280	0	9	289
負債・純資産合計	645	75	92	662
貸借合計		470	470	

○×社　4月
残高試算表（P/L）

勘定科目	当月残高
売上高	150
期首製品棚卸高	70
当期仕入高	85
期末製品棚卸高	75
売上原価	80
売上総利益	70
事務用品費	10
地代家賃	20
減価償却費	5
その他経費	25
販売費・一般管理費合計	60
営業利益	10
営業外収益	0
営業外費用（支払利息）	1
経常利益	9
特別利益	0
特別損失	0
税引前当期純利益	9
法人税等	0
当期純利益	9

※割引手形が10増加している

金の回収が115であることを意味しています。

　同じく受取手形が35減少しています。一方で欄外の注記から，割引手形が10発生していることがわかります。割引手形の増減は通常，残高試算表の外で管理されます。以上により，受取手形のうち10は手形割引により減少したと判断できます。受取手形の期日落ちは以下の式で計算します。

　　　受取手形の減少35－手形割引による減少10＝期日落ちによる減少25

● 仕入支出

　仕入支出は，現金仕入と買掛金支払，手形支払に区分できます。仕入支出の計算も売上収入の計算と同様ですが，負債項目ですので，①借方が減少欄，②貸方が増加欄であり，注意が必要です。

　　　4月仕入高85－（支払手形の増加15＋買掛金の増加65）＝現金仕入 5
　　　支払手形決済（支払手形の減少）10
　　　買掛金支払（買掛金の減少）55

● 減価償却資産の購入

　減価償却資産とは，建物，機械，備品，車両など，事業に必要，かつ使用または時間の経過により価値が減少（減価償却）する資産です。土地は，使用または時間の経過により価値が減少しないため，減価償却資産ではありません。

　減価償却資産の残高は，取得により増加し，減価償却や除却，売却により減少します。資金の動きを伴うものは取得と売却です。ここでは，現金により取得し，代金の未払はないものとします。

　①貸方から，減価償却資産を購入し10支払ったことが確認できます。

● 前払費用・未払費用

　前払費用は，翌月分の地代家賃を前払いしたものです。①貸方の10は前払いが発生，すなわち翌月分を当月に支出したことを表します。一方で，②貸方の5は前払いが解消，すなわち当月分の費用ですが，前月に

支出したことを表します。P/Lに地代家賃20が計上されていますが，以下の調整が必要です。

　　　P/L地代家賃20－前月支出5＋当月支出10＝地代家賃支出25

　未払費用は，翌月に支払う事務用品費です。②貸方（増加欄）の3は未払いの発生（当月分を翌月に支出），①借方（減少欄）の5は未払いの解消（前月分を当月に支出）です。調整は以下のとおりです。

　　　P/L事務用品費10－翌月支出3＋当月支出5＝事務用品費支払12

● 短期借入金・長期借入金

　借入金は，①借方（減少欄）が返済，②貸方（増加欄）が借入です。

　　　短期借入金返済2＋長期借入金返済3＝借入金返済5

● その他資産・負債

　その他，P/Lと関係しない資産・負債の増減は，原則として以下の方法で資金の増減を転記します（資産・負債・純資産の増加と資金の増減は，57ページ「B/Sの変化に着目する」を参照）。たとえば，仮払金・仮受金・預り金などです。

　増減が多額でない場合には，その他資産の増減，その他負債の増減として，まとめてしまってもかまいません。作成例では，調整項目はありません。

　　　資産の増加（減少）＝ 資金の減少（増加）
　　　負債・純資産の増加（減少）＝ 資金の増加（減少）

　図表2－6が，各項目を転記して作成した実績資金繰り表です。

　図表2－5残高試算表と照合し，現金預金の①借方（増加欄）が160（収入合計150＋手形割引10），②貸方（減少欄）が148（支出合計143＋借入金返済5），次月繰越が72であることを確認します。

　現実にはさまざまな勘定科目が存在し，金額が変動します。試算表を見ても，勘定科目の金額変動と収支の関連がわかりにくい場合には，該当科目の総勘定元帳から収支を集計します。

図表2-6 ○×社　4月　資金繰り表

○×社　4月　資金繰り表

		4月実績
前月繰越①		60
売上収入	現金売上	10
	受取手形期日落ち	25
	売掛金回収	115
収入合計②		150
仕入支出	現金仕入	5
	支払手形決済	10
	買掛金支払	55
地代家賃支払		25
事務用品費支払		12
その他経費支払		25
支払利息		1
固定資産購入		10
支出合計③		143
収支過不足④（＝②－③）		7
財務収支	手形割引	10
	借入金	0
	借入金返済	5
財務収支過不足⑤		5
次月繰越①＋④＋⑤		72

　資金繰り表は，単月ではなく継続した期間（月）にわたって，実績・予想を合わせて作成し，資金の動きを把握する必要があります。

　以下，資金繰り予想表の作成方法，完成した資金繰り表を見るうえでのポイントを解説します。

❹資金繰り予想表を作成する

　資金繰り予想表は，月次の予想P／Lと予想B／Sから作成します。作成方法は資金繰り実績表と同様です。

予想P/Lおよび予想B/Sは，売上予測をはじめ企業の見積もり数値をベースに作成します。経営者や経理担当者へのヒアリングから，予想P/Lと予想B/Sを描き，予想資金繰り表を作成します。

　また，企業がすでに予想P/Lと予想B/Sを作成している場合には，ヒアリングにより数値の信憑性をチェックすることができます。

　以降で，予想P/Lおよび予想B/S作成のポイントを確認していきますが，全体の留意点は次のとおりです。

- 翌月分の家賃を当月に支払う，当月分の電気代を翌月に支払う，など，費用発生と支出の時期が一致しないものは，支出時期を誤らないように注意します。
- 月末が土日・祝日の場合には売上の入金が翌月になります。一方で，給与等の支払いは前倒しになります。日付の確認が重要です。

❺予想P/Lを作成する

- 予想売上高

　既存品，新商品（製造業の場合は製品。以下同様）に区分できます。そして各商品の売上は，（売上単価×売上数量）です。既存品は現在どの程度売れていて，単価や数量がどのように変動する見込みか，および新商品はどの程度売れる見込みかを確認し，売上を積み上げます。

　受注生産の製造業であれば，直近の受注状況を具体的に確認し，実現可能かどうかの裏づけをとります。見込生産の製造業や，卸・小売業などの場合には，経営者の市場見通しを確認し，一般的な市場予測と比較して著しく希望的な観測が含まれていないかどうか判断します。

　売上予測は費用予測と比較して困難であり，経営者の思い込みや願望が含まれがちです。過去の売上が減少傾向で推移しているのに，大幅なV字回復を見込んでいるといったケースが少なからず見受けられます。

　完全な売上予測は不可能ですが，ヒアリングにより，実現可能な数値

に近付けることが重要です。

● 予想仕入高

商品仕入（製造業であれば材料仕入）です。過去実績の原価率から売上原価（材料費）を見積もることができます。ただし，たとえば石油関連の商品など単価が変動しやすいものがあるため，単価の変動（特に上昇）見込みを確認し，原価率に加味する必要があります。

$$予想売上原価（材料費）＝予想売上高 \times （実績原価率 \pm \alpha）$$

売上原価（材料費）は，以下の算式で計算できますので，逆算で予想仕入高を算出します。

予想売上原価（材料費）＝期首棚卸高＋予想仕入高－期末予想棚卸高

なお，期末予想棚卸高は，過去の棚卸資産回転期間を用いて計算します。在庫の金額が何日分の売上に相当するかを示す指標で，以下の算式で表されます。

$$棚卸資産回転期間（日）＝ \frac{棚卸資産}{売上高} \times 365$$

上記回転期間から，以下の式で期末予想棚卸高を算出します。

$$期末予想棚卸高 ＝ 予想売上高 \times 棚卸資産回転期間 \div 365$$

● 人件費

人員の増減や昇給率の見込みを確認します。加えて人員が減少する場合には，退職金が発生するため，退職金の引当や積立の有無を確認し，費用の見積もりを行います。賞与は，別途支給予定月に織り込みます。

$$人件費 ＝ 実績人件費 \times \frac{予定人員数}{実績人員数} \times （1＋昇給率）$$
$$＋賞与支給予定額＋（退職金見込－引当・積立分）$$

● 減価償却費

既存の設備は維持するものとして，減価償却額を確認します。

新規に投資予定の設備は，種類，投資時期，投資額を確認し，減価償

却費を計算します。
- 支払利息

借入ごとの返済予定表から確認します。現在申し込まれている借入れについても，支払利息の予定額を見積もります。

- その他経費

売上高に比例して発生する費用は売上高の増減に連動させ，固定的に発生する費用は，実績をもとに予算を設定します。特定の時期に発生することが明確な支出は，発生予定月に織り込みます。

売上高に比例する費用…販売手数料，発送運賃，工場の電力・水道代など

固定的に発生する費用…租税公課，通信費，本社の電力・水道代など

❻予想B/Sを作成する

- 売上債権・仕入債務

取引先ごとの取引条件（売上のうち何％が掛，何％が手形，など）に従って売上高を現金・売掛金・受取手形と区分し，それぞれの回収条件（掛が何日決済，手形が何日決済，など）に従って，各時期の残高を設定します。仕入債務も同様です。

- 棚卸資産

予想P/Lの期末予想棚卸高です。

- 設備投資

予想P/Lの減価償却費で確認した新規設備投資予定額をB/Sに加算します。

- 借入金

返済予定表で確認した返済金額をB/Sから減額します。借入予定額も織り込みます。

- その他項目

　未収入金や未払金は入出金予定月に増減させます。納税に関する負債は，納税する時期に減少させます。

　現金預金の残高は，資産と負債・純資産の差額で最後に計算します。

❼資金繰り表の落とし穴

　予想資金繰り表から，各月に企業が資金ショートを起こさないか，管理できます。しかし，月中の資金変動によっては突然の資金ショートを見落とす危険があり，注意が必要です。

　図表２－７のＡ社は，６月に大口取引先が倒産し，７月に回収すべき５月分の売上のうち100が回収不能に陥りました。資金ショートを回避するために，積立保険を解約し，返戻金により各支出に充当する予定です。

図表２－７　Ａ社　突然の資金ショート（月繰り）

		4月実績	5月実績	6月実績	7月予想	8月予想	9月予想
資金繰り	前月繰越①	30	45	60	75	90	95
	売上収入②	150	150	150	50	50	50
	保険金解約収入③	0	0	0	100	0	0
	仕入支出④	135	135	135	135	45	45
	次月繰越①＋（②＋③）－④	45	60	75	90	95	100
参考	売上高(a)	150	150	150	50	50	50
	売上原価(b)	135	135	135	45	45	45
	利益(a－b)	15	15	15	5	5	5
	売上債権	300	300	300	300	300	300
	仕入債務	135	135	135	45	45	45

　月次資金繰り表からは，Ａ社の資金ショートは把握できません。しかし実際は，７月の入出金は図表２－８のとおりであり，資金ショートが発生しました。

図表2-8　A社　月中の資金変動

7月　現金出納帳

	摘要	入金	出金	残高
1日	前月繰越			75
15日	売掛金回収	50		125
25日	買掛金支払		135	△10
30日	保険返戻金入金	100		90

　大口取引先の倒産や大量の返品発生など，企業の資金繰りが突発的に悪化し，緊急の資金調達が必要となる場合があります。資金ショートまで時間的な余裕がなく，収支の時期についての詳細な検討を怠ってしまうことが十分考えられます。

　資金繰りに不安のある企業が借入れを申し込んできた場合には，月次資金繰り表だけでなく，図2-9のように日繰りまで確認する必要があります。

図表2-9　日繰り表

月日(曜日)	前日繰越	収入					支出					翌日繰越
		現金売上	手形期日落ち	売掛金回収	その他	計	現金仕入	支払手形決済	買掛金支払	その他	計	
7/1(木)	75											75
7/2(金)	75											75
7/3(土)	75											75
7/4(日)	75											75
7/5(月)	75			50		50						125
7/6(火)	125											125
・												
・												
・												

❽資金繰り表の活用法

　企業が必要とする資金の種類と時期・金額が，資金繰り表上の資金変動と一致していれば，借入申込みの内容に妥当性があると言えます。具

体的には，資金の種類に応じて以下のチェックを行います。

- 増加運転資金

　売上の増加により運転資金が必要になる場合には，仕入・外注先への支払が先行します。仕入・外注費の支払予定がないにもかかわらず資金不足が発生している場合には，たとえば売上債権の長期滞留による資金繰りの悪化が考えられます。さかのぼって売上債権回転期間の推移を確認し，長期化している場合には取引先ごとの回収状況を確認します。

- 季節資金

　季節変動のある業種（衣料品を扱う業種や，公共事業を請け負う建設業等）でも，先行して仕入・外注先への支払いが発生します。

- 賞与資金

　実績資金繰り表の賃金・給料支出額から，賞与の金額を推定します。推定額と支出予定額に大幅な乖離(かいり)が見られる場合，資金が他の支払いに充当される可能性があるため，支給月数や支給体系を詳細に確認する必要があります。

- 納税資金

　納税資金が必要であることが分かる時期には，利益額がおおむね確定しているはずですので，納税予定額を推定します（利益額の40％から中間納付分を控除）。推定額と支出予定額に乖離がないかどうか確認します。

　なお，中間納付の場合は，税務署から送付される中間申告書に金額の記載があり，必要額を確実に把握できます。

5　資金運用表で資金の調達・運用を把握する

❶資金運用表の全体像

　資金運用表は，右側が資金調達，左側が資金運用という構造です（図

図表2-10　資金運用表

運　用		調　達		
決算関係資金		自　己　資　金		
同上内訳	配　当　金	自己資金内訳		当　期　純　利　益
	役　員　賞　与		利益修正	有形固定資産償却
	法　人　税　等			無形固定資産償却
固　定　資　産　投　資				繰　延　資　産　償　却
同上内訳	有　形　固　定　資　産			貸　倒　引　当　金
	無　形　固　定　資　産			退　職　給　付　引　当　金
	投　資　そ　の　他　の　資　産			製品保証等引当金
				返　品　調　整　引　当　金
				製　品　評　価　損
増　加　運　転　資　金				未　払　費　用
		納　税　充　当　額		
		財務調達	短　期　借　入　金	
現　預　金　増			割　引　手　形	
計		計		

平井謙一『資金4表の完全理解と実践応用』（生産性出版）より。一部修正。

表2-10参照）。

● 増加運転資金

　売上債権（受取手形や売掛金）・棚卸資産の増加額や，仕入債務（支払手形や買掛金）の減少額のように，企業が営業活動を継続するうえで必要となる資金の増加額をいいます。季節資金のように，一時的な増加であれば短期の資金運用ですが，売上の増加によるものは長期の資金運用です。

● 決算関係資金

　企業の決算に伴って生じる支出（納税・配当）をいいます。短期の資金運用です。

- 固定資産投資

　土地建物や設備の購入，長期的な株式投資や保険金の積立による支出をいいます。長期の資金運用です。

- 自己資金

　増資による資金調達や，当期の利益による資金の増加をいいます。長期の資金調達です。

- 財務調達

　借入金や社債の発行，手形割引による資金調達をいいます。短期借入金や手形割引は短期の資金調達，長期借入金や社債は長期の資金調達です。

❷資金運用表を作成する

　図表2－11は，資金運用表作成のためのフォームです。資産の増加を資金の運用，負債・純資産の増加を資金の調達としてそれぞれ記入していきます。いずれも減少はマイナスで表示します。

　納税額と減価償却費・諸引当金に関しては，以下の処理を行います。

　納税額は，決算関連資金として運用欄に記入します。

　前期B/Sに未払法人税等として計上した金額は，当期に納付します。当期P/Lの法人税等は当期の利益に対する税金の額ですが，うち当期B/Sの未払法人税等として計上した金額は，翌期に納付します。

　よって，以下の算式で計算した金額を運用欄に記入し，当期B/Sから未払法人税等の金額を調達欄に転記します。図表2－11では，あらかじめ支出額を欄外に記載してあります。

$$当期納税額 = \frac{前期B/S}{未払法人税等} + \frac{当期P/L}{法人税等} - \frac{当期B/S}{未払法人税等}$$

　減価償却費は費用として利益から控除されていますが，資金を減少させるものではないため，自己資金の繰越利益剰余金が資金の増加と一致

図表2-11　××社2期比較B/S

	前々期	前期	運用	調達
資産の部				
現金預金	70	125	55	
売上債権	130	170	40	
棚卸資産	40	50	10	
その他流動資産	15	15	0	
流動資産計	255	360	105	0
有形固定資産	300	430	130	
投資その他の資産	20	30	10	
固定資産計	320	460	140	0
繰延資産	0	0	0	
資産合計①	575	820	245	0
負債の部				
仕入債務	50	70		20
短期借入金	50	50		0
未払法人税等	15	20	15	20
その他流動負債	10	10		0
流動負債計	125	150	15	40
長期借入金	300	490		190
固定負債計	300	490	0	190
負債合計	425	640	15	230
純資産の部				
資本金	50	50		0
繰越利益剰余金	100	130		30
純資産合計	150	180	0	30
負債・純資産合計②	575	820	15	260
(運用・調達合計①+②)			260	260)

※1 減価償却費　　　　20
※2 法人税等支出　　　15

しません。よって，資金の計算上は，減価償却費を足し戻す必要があります。具体的には，減価償却費を自己資金に加算し，同額を固定資産にも加算して戻すという処理をします。

諸引当金の場合も同様です。繰入額（戻入額）を自己資金に加算（減算）し，同時に諸引当金の金額を減算（加算）します。

なお，他にも繰越利益剰余金と資金の増加がずれる要素がありますが，資金運用表では1年単位の資金変動を大枠で把握すればよいので，上記処理のみで十分です。

以上を処理して作成した資金運用表が図表2－12です。

図表2－12　××社資金運用表

運用		調達	
決算関係資金		自己資金	
法人税等	15	繰越利益剰余金	30
決算関係資金計	15	減価償却費	20
固定資産投資		自己資金計	50
有形固定資産	150	未払法人税等	20
投資その他の資産	10	財務調達	
固定資産投資計	160	短期借入金	0
増加運転資金		長期借入金	190
売上債権	40	財務調達計	190
棚卸資産	10		
仕入債務	−20		
その他流動資産	0		
その他流動負債	0		
増加運転資金計	30		
現預金増	55		
運用合計	260	調達合計	260

※有形固定資産は，130（前期430－前々期300）に減価償却費20を加算。

❸適正な資金調達と運用とは

　短期の調達資金を短期で運用し，長期の調達資金を長期で運用することが，適正な資金運用です。

　図表2－12では，長期借入による資金調達が190，増加運転資金が30，そして固定資産投資が160ですので，適正な資金運用を行っていると判断できます。

　一方，短期借入金による調達資金が設備投資額に充当されているような場合には，投資の成果として獲得する資金が返済額に追いつかず，資金繰りが悪化する可能性があります。調達資金の運用方法を誤っている企業に融資を実行することは危険です。

❹予想資金運用表を作成する

　実績から作成した資金運用表は，あくまでも過去に適正な資金調達・運用ができていたかどうかを表すだけです。借り入れた資金が適正に運用されるのか，将来どのような資金調達を必要とするのか，検討できません。将来の資金調達と運用を予測するために，予想資金運用表の作成が必要です。

　予想資金運用表は，直近の実績B/Sおよび翌決算の予想B/Sから作成します。ただし，B/Sの繰越利益剰余金には，P/Lの当期純利益が含まれるため，まず予想P/Lを作成する必要があります。

　作成方法は資金繰り表の場合と同様ですが，年間ベースですので，売上債権・仕入債務は，以下の回転期間により設定します。（67ページ「予想P/L」期末予想棚卸高を参照）

$$売上債権回転期間（日）＝\frac{売上債権}{売上高} \times 365$$

$$仕入債務回転期間（日）＝\frac{仕入債務}{売上高} \times 365$$

❺予想資金運用表の活用法

　実績同様，予想資金運用表についても，資金の調達と運用の関係が重要です。すなわち，企業が必要としている資金の種類と金額は，資金の運用と一致していなければなりません。

　たとえば運用欄の設備投資額が100である一方，自己資金も100増加している場合には，設備投資額全額の借入れが必要なのかどうか，貸出資金の一部が運転資金に充当されるのではないか，と疑う必要があります。

　一方，現在は企業が借入れを予定していない場合にも，運用欄から，将来必要となる可能性がある資金の種類と金額を念頭に置いておくことで，企業のニーズに合った融資セールスを行うことができます。

6 資金移動表で収支を把握する

❶資金移動表の全体像

　資金移動表の基本的な構造は，以下のとおりです（図表2-13参照）。

　　経常収支 ＋ 経常外収支 ＝ 現金預金増減

　資金移動表は，P/LおよびB/Sから，本業と本業以外に区分して，資金の変動を把握する点でキャッシュ・フロー計算書と構造が類似しています。ただし資金移動表は，P/Lの売上・仕入・経費，B/S各項目の増減がすべて区分して表示されているため，資金の増減要因をより詳細に把握することができます。

- 経常収支

　企業の本業による収支を表します。

- 経常外収支

　本業以外による収支を表します。

- 固定資産収支

　土地建物や設備の購入・売却，長期的な株式投資・売却や保険金の積

図表2−13　資金移動表

(単位：百万円)

	項目	決算額	/	/	/
経常収支	経常収入	売　　上　　高				
		営　業　外　収　益				
		⊖　売　上　債　権　の　増　加				
		⊕　前　受　金　の　増　加				
		⊖　未　収　収　益　の　増　加				
		⊕　前　受　収　益　の　増　加				
		⊖　その他流動資産の増加				
		合　　　　計　(A)				
	経常支出	売　　上　　原　　価				
		販売費及び一般管理費				
		営　　業　　外　　費　　用				
		⊕　棚　卸　資　産　の　増　加				
		⊖　買　入　債　務　の　増　加				
		⊕　前　払　費　用　の　増　加				
		⊖　未　払　費　用　の　増　加				
		⊕　前　渡　金　の　増　加				
		⊖　減　価　償　却　費				
		⊕　引　当　金　の　増　加				
		⊖　その他流動負債の増加				
		合　　　　計　(B)				
		経営収支過不足　(A) − (B)				
経常外収支	設備関係等収支	特　　別　　利　　益				
		特　　別　　損　　失				
		合　　　　計　(C)				
		⊕　有形固定資産の増加				
		⊕　無形固定資産の増加				
		⊕　投資その他の資産の増加				
		⊕　繰　延　資　産　の　増　加				
		⊖　その他固定負債の増加				
		合　　　　計　(D)				
		設備関係等収支過不足　(C) − (D)				
	決算収支	法　人　税　等　支　払　額				
		配　　　　当　　　　金				
		役　　員　　賞　　与				
		合　　　　計				
		決　算　収　支　過　不　足 ※1				
	財務収支	⊕　長　期　借　入　金　の　増　加				
		⊕　短　期　借　入　金　の　増　加				
		⊕　割　引　手　形　の　増　加				
		増　　　　資　　　　等				
		合　　　　計				
		財　務　収　支　過　不　足 ※2				
		現　金　預　金　の　増　減				

※1　決算収支合計額がプラスの場合，合計額の頭に△をつけ記入。
※2　財務収支合計額をそのまま記入。

平井謙一『資金4表の完全理解と実践応用』(生産性出版) より。

立・解約をいいます。

- 決算関係収支

  決算に伴って生じる支出(納税・配当)です。

- 財務収支

  増資や,長短借入金や社債の発行,手形割引等による資金調達をいいます。

❷資金移動表を作成する

ここでは,図表2－11(××社2期比較B/S)と,図表2－14(××社の前期P/L)を使って資金移動表を作成していきます。資金運用表のルールと同様に,資産の増加は資金の減少,負債の増加は資金の増加です。納税支出と減価償却費・諸引当金に関しては73ページ「資金運用表を作成する」を参照してください。

図表2－14　××社P/L

売上高	1,000
売上原価	400
売上総利益	600
販売費及び一般管理費	540
営業利益	60
営業外収益	20
営業外費用	30
経常利益	50
特別利益	0
特別損失	0
税引前当期純利益	50
法人税等	20
当期純利益	30

図表2－15は,図表2－11のB/S増減と図表2－14のP/Lから資金移動表の区分に従って転記したものです。

図表2-15　××社資金移動表

経常収支	経常収入	売上高	1,000
		営業外収益	20
		売上債権の増加（－）	－40
		その他流動資産の増加（－）	0
		合計①	980
	経常支出	売上原価	400
		販売費及び一般管理費	540
		営業外費用	30
		棚卸資産の増加（＋）	10
		仕入債務の増加（－）	－20
		減価償却費（－）	－20
		その他流動負債の増加（－）	0
		合計②	940
	経常収支過不足③（①－②）		40
経常外収支	設備関係等収支	有形固定資産の増加（＋）	150
		投資その他の資産の増加（＋）	10
		合計	160
		設備関係収支等過不足④（－）	－160
	決算収支	法人税等支払額	15
		合計	15
		決算収支過不足⑤（－）	－15
	財務収支	長期借入金の増加（＋）	160
		短期借入金の増加（＋）	30
		合計	190
		財務収支過不足⑥	190
現金預金の増減③＋④＋⑤＋⑥			55

❸資金移動表の活用法

　貸し出した資金の償還財源は本業から獲得する資金，すなわち経常収支の絶対額です。あわせて，経常収支の良否を判断する指標として，以下の経常収支比率が用いられます。

　　経常収支比率（％）＝経常収入÷経常支出

図表2－15の例では，980÷940＝104.3％です。経常収支比率が100％を超えていれば，本業で資金が獲得できているということです。経常収支比率は，さかのぼって資金移動表を作成し，推移をチェックする必要があります。

100％未満の経常収支比率が継続している企業は，常に資金を社外に流出させていることになります。本業に構造的な問題を抱えていることが考えられます。不採算事業からの撤退や，工場閉鎖による人件費・設備費用の削減といった，抜本的な改善策による収支のプラス転換が見込まれない限り，融資を採り上げることは危険です。

また，経常収支比率が100％以上から100％未満に転落している場合には，収入，支出を構成する項目から以下のようなチェックを行います。

● 売上の減少

受注の状況や業界の景況等を確認し，一時的な売上の減少なのか，本業の構造的な問題なのか把握します。

● 売上債権の増加

滞留している売上債権が存在する可能性があるため，取引先ごとの取引条件や回収状況を確認します。

● 棚卸資産の増加

不良在庫が発生している可能性があります。売れ残っている在庫がないかどうか確認します。特に衣料品等，季節商品の在庫が大量に発生しうるものは注意を要します。

● 売上原価や費用の増加

設備の修繕費等一過性の支出が増加しただけなのか，材料の単価値上げ等，構造的な問題なのか確認します。

本業に問題がある場合や，多額の売掛債権滞留や不良在庫が経常的に発生し，かつ改善策も見られない場合には，将来も支出超過が継続する懸念があります。償還財源が確保できない可能性が高く，融資を見送る

べきです。

7 資金繰り改善のポイント

　資金繰り表・資金運用表・資金移動表によって，本業で安定して資金を獲得し，かつ資金繰りができている企業を見極め，融資を実行します。
　しかし，融資後に企業の資金繰りが悪化することは十分に考えられます。
　融資先企業に対して定期的にモニタリングを行い，資金繰りの改善を促すことが，貸出資金の確実な回収，さらには企業との長期的な取引につながります。以下，資金繰りを改善する方法を紹介します。

❶まずは支出の削減

　外部環境に影響を受けやすい売上高や売上原価と比較して，経費の支出は企業内部でのコントロールが可能です。各勘定科目，さらには支払内容まで精査して，ムダな支出を洗い出し，ストップします。

❷B/Sは資金繰り改善の宝庫

　資産の減少は資金の増加です。資金以外の資産を長期間滞留させないこと，またはむやみに資産を増加させないことが重要です。

- 売上債権の早期回収や取引先の選別

　取引先ごとに売上債権の回転期間を算出します。他と比較して回収期間の長い取引先に対しては取引条件の見直しの要求や，ファクタリング[注]による早期の資金化を検討します。また，回収期間の長い取引先との取引規模を段階的に縮小していくことも検討します。

　注：ファクタリングとは，売掛金や受取手形といった売上債権を，譲渡することにより資金化すること。譲渡の際には手数料を支払う。当該債権

が回収不能に陥った場合にも買戻しの義務がないため，回収リスクをファクタリング会社に転嫁することができる。また，債権管理業務の負担を軽減することができる。

- 棚卸資産の削減

　商品（製品）ごとに棚卸資産回転期間を算出します。実際の入出庫のサイクルと比較して，棚卸資産回転期間が著しく長期の場合には，過大な在庫を抱えている可能性があります。実際のサイクルに合わせた適正在庫量の維持に努めます。

- 設備投資金額の適正化

　新規の設備投資は，受注の増加や経費の削減を見込んで行われます。いずれも将来の資金繰り改善です。ただし，予定した効果が見込めない場合には，無駄な支出に終わる危険性があります。特に，借入金によって設備投資を行った場合には，償還財源が確保できなくなる可能性があります。慎重に検討したうえで効果的な投資を実行することが，資金繰りの改善につながります（詳細は第5章を参照）。

　資産を直接資金化するためには，以下の方法が考えられます。緊急の資金調達が必要な際には，まず検討すべき方法です。

- 投資有価証券の売却
- 積立保険の解約
- 本業で使用していない固定資産（遊休資産）の売却

EXERCISE
練習問題

❶資金運用表・資金移動表

2期分のB/SおよびP/L（単位：百万円）から，㈱B工業の資金運用表および資金移動表を作成してください。

㈱B工業　2期比較B/S

	前々期	前期	運用	調達
資産の部				
現金預金	91	121	30	
売上債権	283	288	5	
棚卸資産	76	79	3	
その他流動資産	22	21	−1	
流動資産計	472	509	37	0
有形固定資産	335	319	−16	
投資その他の資産	47	51	4	
固定資産計	382	370	−12	0
繰延資産	0	0	0	
資産合計①	854	879	25	0
負債の部				
仕入債務	140	141		1
短期借入金	125	119		−6
未払法人税等	12	24	12	24
その他流動負債	20	20		0
流動負債計	297	304	12	19
長期借入金	200	185		−15
固定負債計	200	185	0	−15
負債合計	497	489	12	4
純資産の部				
資本金	90	90		0
繰越利益剰余金	267	300		33
純資産合計	357	390	0	33
負債・純資産合計②	854	879	12	37
（運用・調達合計①＋②）			37	37）

※1 減価償却費　　　31
※2 法人税等支出　　12

㈱B工業　P/L

売上高	1,615
売上原価	1,365
売上総利益	250
販売費及び一般管理費	182
営業利益	68
営業外収益	1
営業外費用	12
経常利益	57
特別利益	0
特別損失	0
税引前当期純利益	57
法人税等	24
当期純利益	33

〔㈱B工業の資金運用表および資金移動表〕

㈱B工業　資金運用表

運用		調達	
決算関係資金		自己資金	
法人税等		繰越利益剰余金	
決算関係資金計		減価償却費	
固定資産投資		自己資金計	
有形固定資産		未払法人税等	
投資その他の資産		財務調達	
固定資産投資計		短期借入金	
増加運転資金		長期借入金	
売上債権		財務調達計	
棚卸資産			
仕入債務			
その他流動資産			
その他流動負債			
増加運転資金計			
現預金増			
運用合計		調達合計	

㈱B工業　資金移動表

経常収支	経常収入	売上高	
		営業外収益	
		売上債権の増加（−）	
		その他流動資産の増加（−）	
		合計①	
	経常支出	売上原価	
		販売費及び一般管理費	
		営業外費用	
		棚卸資産の増加（+）	
		仕入債務の増加（−）	
		減価償却費（−）	
		その他流動負債の増加（−）	
		合計②	
	経常収支過不足③（①−②）		
経常外収支	設備関係等収支	有形固定資産の増加（+）	
		投資その他の資産の増加（+）	
		合計	
		設備関係収支等過不足④（−）	
	決算収支	法人税等支払額	
		合計	
		決算収支過不足⑤（−）	
	財務収支	長期借入金の増加（+）	
		短期借入金の増加（+）	
		合計	
		財務収支過不足⑥	
現金預金の増減③+④+⑤+⑥			

解 答

㈱Ｂ工業　資金運用表

運用		調達	
決算関係資金		自己資金	
法人税等	12	繰越利益剰余金	33
決算関係資金計	12	減価償却費	31
固定資産投資		自己資金計	64
有形固定資産	15	未払法人税等	24
投資その他の資産	4	財務調達	
固定資産投資計	19	短期借入金	−6
増加運転資金		長期借入金	−15
売上債権	5	財務調達計	−21
棚卸資産	3		
仕入債務	−1		
その他流動資産	−1		
その他流動負債	0		
増加運転資金計	6		
現預金	30		
運用合計	67	調達合計	67

㈱Ｂ工業　資金移動表

経常収支	経常収入	売上高	1,615
		営業外収益	1
		売上債権の増加（−）	−5
		その他流動資産の増加（−）	1
		合計①	1,612
	経常支出	売上原価	1,365
		販売費及び一般管理費	182
		営業外費用	12
		棚卸資産の増加（＋）	3
		仕入債務の増加（−）	−1
		減価償却費（−）	−31
		その他流動負債の増加（−）	0
		合計②	1,530
		経常収支過不足③（①−②）	82
経常外収支	設備関係等収支	有形固定資産の増加（＋）	15
		投資その他の資産の増加（＋）	4
		合計	19
		設備関係収支等過不足④（−）	−19
	決算収支	法人税等支払額	12
		合計	12
		決算収支過不足⑤（−）	−12
	財務収支	長期借入金の増加（＋）	−15
		短期借入金の増加（＋）	−6
		合計	−21
		財務収支過不足⑥	−21
		現金預金の増減③+④+⑤+⑥	30

第2章 ● 資金繰りと融資判断

❷ 資金繰り表

【問題1】 6月の残高試算表から，㈱C製作所の資金繰り実績表を作成してください。

㈱C製作所　資金繰り実績表

(単位：百万円)

		4月実績	5月実績	6月実績
前月繰越		93	92	
売上収入	受取手形期日落ち	14	13	
	売掛金回収	137	136	
その他収入	有価証券売却	0	0	
	収入計	151	149	
仕入支出	買掛金支払	126	125	
その他経費支出		20	22	
支払利息		1	1	
	支出計	147	148	
経常収支差額		4	1	
財務収支	手形割引			
	借入金			
	借入金返済	5	5	
財務収支差額		−5	−5	
次月繰越		92	88	

〔資金繰り実績表作成にあたっての留意点〕

- 現金売上はありません。
- 当期製造原価の内訳は，仕入・外注費125百万円，減価償却費2百万円，人件費（賃金）が5百万円です。人件費の支出は，資金繰り表ではその他経費支出に含めるものとします。
- 残高試算表（B/S）の「その他流動資産」は有価証券の売却により5百万円減少しています。
- 営業外費用1百万円は，すべて借入金の支払利息です。

〔参考情報〕

- 今後3カ月の予想B/S，P/L（一部，単位：百万円）

〔6月の残高試算表〕

㈱C製作所
6月残高試算表（B/S）
（単位：百万円）

	前月繰越	借方	貸方	次月繰越
現金預金	88	163	156	95
受取手形	23	13	24	12
売掛金	265	139	134	270
棚卸資産	76	78	76	78
その他流動資産	21	0	5	16
流動資産計	473	393	395	471
減価償却資産	159	0	3	156
土地	155	0	0	155
その他固定資産	53	0	0	53
固定資産計	367	0	3	364
繰延資産	0	0	0	0
資産合計	840	393	398	835
支払手形	0	0	0	0
買掛金	131	128	125	128
短期借入金	115	2	0	113
その他流動負債	17	0	0	17
流動負債計	263	130	125	258
長期借入金	179	3	0	176
固定負債計	179	3	0	176
負債合計	442	133	125	434
資本金	90	0	0	90
繰越利益剰余金	308	0	3	311
純資産合計	398	0	3	401
負債・純資産合計	840	133	128	835
貸借合計		526	526	

㈱C製作所
6月残高試算表（P/L）
（単位：百万円）

	当月残高
売上高	152
期首製品棚卸高	76
当期製造原価	132
期末製品棚卸高	78
売上原価	130
売上総利益	22
販売費・一般管理費	18
営業利益	4
営業外収益	0
営業外費用	1
経常利益	3
特別利益	0
特別損失	0
税引前当期純利益	3
法人税等	0
当期純利益	3
減価償却費	
製造原価	2
販売費・一般管理費	1

※　割引手形が10増加している

㈱C製作所　予想B/S

勘定科目	7月末予想	8月末予想	9月末予想
売上債権	320	340	340
棚卸資産	105	105	105
仕入債務	165	145	145

㈱C製作所　予想P/L

勘定科目	7月予想	8月予想	9月予想
売上高	170	170	170
売上原価	145	145	145

- 資金繰り実績表作成後，作成された資金繰り予想表

㈱C製作所　資金繰り予想表

(単位：百万円)

		7月予想	8月予想	9月予想
前月繰越		95	82	34
売上収入	受取手形期日落ち	10	12	15
	売掛金回収	139	134	170
その他収入	有価証券売却			
収入計		149	146	185
仕入支出	買掛金支払	130	165	145
その他経費支出		26	23	23
支払利息		1	1	1
支出計		157	189	169
経常収支差額		−8	−43	16
財務収支	手形割引			
	借入金			
	借入金返済	5	5	5
財務収支差額		−5	−5	−5
次月繰越		82	34	45

【問題2】 資金繰り実績表と資金繰り予想表から，㈱C製作所は今後，どのような資金がどの程度必要になるか判断してください。

解　答
【問題1】
　残高試算表（B/S）の資産項目は借方が増加，貸方が減少しているのに対して，負債・純資産項目は借方が減少，貸方が増加しています。注意が必要です。

- 売上収入
  売掛金の回収　　　　　134百万円
  　　　　　　　　　　　　（残高試算表（B/S）「売掛金」の減少額）
  受取手形の期日落ち　　14百万円
  　　（残高試算表（B/S）「受取手形」の減少額24－割引手形の増加額10）
- その他収入
  有価証券売却による収入　5百万円
  　　　　　　　　　　　　（残高試算表（B/S）「その他流動資産」の減少額）
- 仕入支出
  買掛金支払による支出　128百万円
  　　　　　　　　　　　　（残高試算表（B/S）「買掛金」の減少額）
- その他経費支出
  22百万円（残高試算表（P/L）の販売費・一般管理費18－減価償却費1
  　　　　　　＋製造原価に含まれる人件費（賃金）5）
- 支払利息
  1百万円（残高試算表（P/L）営業外費用の金額）
- 手形割引
  10百万円（割引手形の増加額）
- 借入金返済
  5百万円（残高試算表（B/S）「短期借入金」の減少額2＋残高試算表
  　　　　（B/S）「長期借入金」の減少額3）

以上を，資金繰り表6月実績欄に転記します。資金繰り予想表もあわせて表示します。

㈱C製作所　資金繰り実績・予想表

(単位：百万円)

		4月実績	5月実績	6月実績	7月予想	8月予想	9月予想
前月繰越		93	92	88	95	82	34
売上収入	受取手形期日落ち	14	13	14	10	12	15
	売掛金回収	137	136	134	139	134	170
その他収入	有価証券売却	0	0	5			
	収入計	151	149	153	149	146	185
仕入支出	買掛金支払	126	125	128	130	165	145
その他経費支出		20	22	22	26	23	23
支払利息		1	1	1	1	1	1
	支出計	147	148	151	157	189	169
	経常収支差額	4	1	2	−8	−43	16
財務収支	手形割引			10			
	借入金						
	借入金返済	5	5	5	5	5	5
	財務収支差額	−5	−5	5	−5	−5	−5
	次月繰越	92	88	95	82	34	45

【問題2】

　資金繰り予想表から，8月に資金が不足することが予想されることがわかります。原因は仕入・外注費の支払いが，8月に増加するためと考えられます。一方で，7月以降の売上が増加しており，今後㈱C製作所で売上増加に伴う運転資金が必要になると判断できます。

　残高試算表（B/S）より，6月の運転資金は以下のとおりです（運転資金は，30ページ「運転資金」参照）。

　　運転資金232百万円＝売掛債権282百万円（受取手形12＋売掛金270）＋棚卸
　　　　　　　　　　　資産78百万円−仕入債務128百万円（買掛金128）

　続いて予想B/Sより，資金が不足する8月の運転資金を計算します。

　　運転資金300百万円＝売掛債権340百万円（8月予想売上高170×2カ月）＋

　　　　　棚卸資産105百万円（見込高）－仕入債務145百万円
　　　　　（8月予想売上原価145×1カ月）

　8月末の運転資金は，6月末と比較して68万円増加しています。資金の推移からみても同程度の資金調達が必要になるものと判断できます。

　さらに，6月に5百万円の有価証券売却と，10百万円の手形割引を行っています。内部でまず資金調達を行っていることからも，資金の必要性が高いと判断できます。

　　　　　　　　　　　　　　　　　　　　　　　　（前田　祐）

第3章

企業のコスト構造を把握する

　第3章では，管理会計の代表的な分析手法であるCVP分析について解説します。
　融資先企業への理解をより一層深め，さらには融資判断のための材料を「将来」の予測にまで広げていくためにはコスト構造を把握することが必要不可欠です。
　コスト構造を把握する手法は数多くありますが，本章では，CVP分析にフォーカスし，基礎的な知識の解説とそれらの知識をどのように融資判断や融資先企業へのアドバイスに活かせるかについて解説します。
　ここで解説する知識は，「頭」で覚えるだけでなく，実際に「手」を動かしてみることで「使える知識」となります。ですから，ぜひ現場で，担当先企業のデータを使って試してみてください。これまでとは違った融資先企業の姿が見えてくるでしょう。

1 コスト構造はCVP分析で把握する

第3章では，管理会計の基礎的な知識を活用し，融資先企業の理解を一層深める分析手法について解説します。

融資判断といえば，企業の決算書を手がかりとした財務分析がまず思い浮かびます。当然のことながら，決算書は「過去」の財務状況を理解するためには必要不可欠な資料と言えます。しかしながら，より一層融資先企業の財務状況について理解を深めるためには，「過去」を分析の対象とした財務分析だけではおのずと限界があるわけです。そこで，「財務分析」に加え，分析や予測の対象を「将来」とする管理会計の活用が有効となります。

ここでは，数多くある管理会計のテーマのうち，「CVP分析」にテーマを絞ったうえで，基本的な考え方と融資判断への活用および融資先企業へのアドバイスについて解説していきます。

2 CVP分析とは？

CVP分析の「CVP」とは，次の3つの単語の頭文字をつなげたものです。

C（コスト）	製造原価，販売費及び一般管理費
V（ボリューム）	操業度（売上高，生産量等）
P（プロフィット）	利益（営業利益，経常利益等）

CVP分析では，
① 分析対象企業のC（コスト）とV（操業度）とP（利益）にどのような関係があるのか？
② それぞれの要素（C・V・P）が変化したとき，他の要素がどの

ように変化するのか？
を分析します。

①はあくまで過去の実績を分析の対象としていますが、その関係を②に活用した場合、分析の対象を将来の予測にまで広げることができます。冒頭で解説したように、財務分析に加えて管理会計の視点を取り入れることで、財務分析だけではわからない将来の視点をもった融資先企業の分析が可能となるのです。

3 損益分岐点分析で何がわかるのか？

まず、CVP分析における代表的なツールである「損益分岐点分析」から解説します。ここでは基本的な考え方から実務的な留意点、どのような活用ができるのかをしっかりと押さえておきましょう。
「損益分岐点売上高」とは、名前のとおり、「その売上高を超えていれば利益が出て、逆に超えていなければ赤字となる境界線の売上高」、すなわち「利益がゼロとなる売上高」をさします。

ただし、利益が出ている、つまり損益分岐点を超えていればそれでよいかというと、必ずしもそういうわけではありません。なぜなら、損益分岐点の分析を通じて非常に多くの示唆を得ることができるからです。

それでは、「損益分岐点売上高」から何が得られるのでしょうか？損益分岐点を知ることで、以下の3点についてわかるようになります。

(1) **赤字企業の場合**

現状、赤字となっている企業の場合は、「いくらの売上高を達成すれば黒字になるのか」を把握することができます。これは私たちにとって非常に興味深い指標となります。なぜなら、現在の赤字幅がその企業にとってどのくらい大きいものであるかを推測することができるからです。

(2) 黒字企業の場合

 一方，黒字企業の場合は，「あといくら売上高が落ちると赤字に転落してしまうのか」を把握することができます。年々売上高が減少しているような企業にとって，このままでは今後何年後に赤字になってしまうのかをある程度推測することができ，経営方針を変更するきっかけとなることもあります。

(3) 損益分岐点の実務的な意義

 これまで説明してきた2点はあくまで損益を分岐する境界線，つまり「売上高」としての意義でした。ところが，実務的には損益分岐点となる売上高を知ることよりも，その算出過程において「分析対象企業のコスト構造の特徴を把握すること」のほうがより重要な示唆を与えてくれるケースが多いといえます。

 どのような費目に多くのコストを投下しているのか，売上高が増えるとどれぐらいコストが上がるのか，逆に売上高が下がってもコストが下がらないのはなぜか等々，得られる情報はさまざまです。コスト構造の特徴を理解することで，その会社の収益上の安定度や課題を把握することができるのです。

 融資判断にあたってこのような分析ができれば，経営者との面談の際に，これまでとは違った視点からその会社の経営課題に関する会話やアドバイスなどができるはずです。

図表3-1　損益分岐点分析の意義

分析対象会社	一般的な意義	実務的な意義
赤字企業	あといくらの売上高を達成すれば黒字になるのかがわかる。	コスト構造の特徴を把握することで，その会社が抱えている収益上の課題や安定度を推測することができる。
黒字企業	どのくらい売上高が落ちてしまうと赤字になるのかがわかる。	

第3章●企業のコスト構造を把握する

ここでのポイントを整理すると、図表3－1のようになります。
なお、具体的な損益分岐点分析の活用方法は後ほど詳しく解説します。

4 損益分岐点を実際に算出してみよう

❶損益分岐点分析で扱う「利益」

さて、損益分岐点にどのような意味があるのかはわかりました。それでは、損益分岐点は実際にどうやって求めるのでしょうか？ 日常業務で損益分岐点を算出する機会は少ないでしょうが、企業はこのような目的で損益分岐店分析を活用しているのだということはぜひ覚えておいてください。

まず先に学習したように、損益分岐点というのは利益がちょうどゼロになる売上高を示します。「利益」といってもいろいろありますが、ここで扱うのは営業利益です。

営業利益は以下の式で計算されます。

> 営業利益 ＝ 売上高 － 売上原価 － 販売費及び一般管理費

さらに、売上原価と販売費及び一般管理費の合計が総費用ですから、

> 営業利益 ＝ 売上高 － 総費用

というシンプルな式になります。

❷変動費と固定費

ここでカーディーラーを想像してみてください。このカーディーラーは1台1百万円の車を80万円で仕入れて販売しています。

つまりこのカーディーラーでは、車が10台売れれば、売上高10百万円に対して仕入高8百万円、20台売れれば、売上高20百万円に対して仕入

高16百万円というように，車の売上高が増えると，それに比例して仕入高が増えていきます。このような費用を「変動費」といいます。

これに対して，売上高に関係なく発生し続ける従業員の給料や地代家賃等のことを「固定費」とよびます。売上高が0円でも1億円でも，そんなことにはおかまいなく一定額を支払う必要があるからです。

図表3-2　変動費と固定費

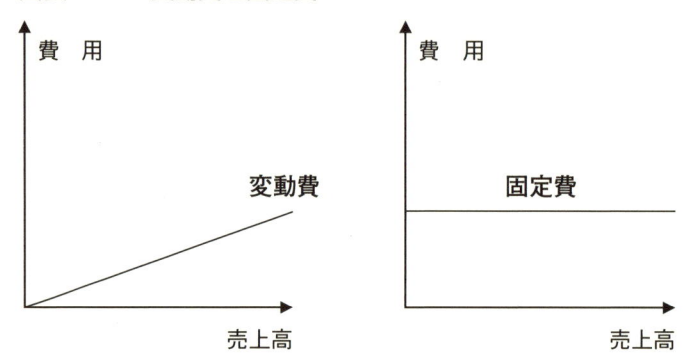

❸損益分岐点の考え方

ここで，カーディーラーが車を販売するための総費用は，次のようにして算出することができます。

変動費 ＋ 固定費 ＝ 総費用

図表3-3　総費用線

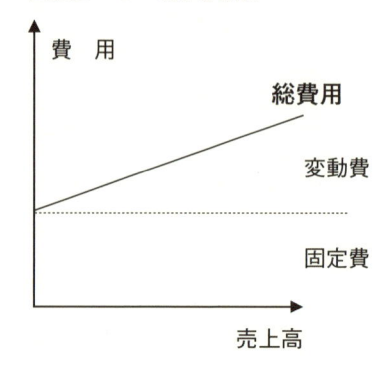

すると，総費用は図表3-3のようなグラフになります。

ここで，このグラフ上に売上高線を追加してみましょう。

2つの線が交わっている点が「損益分岐点」です。グラフを見ればわかるように，売上がこれ以上増えると（グラフ上で右に行くと）利益が発生し，逆に減ると（左に行くと）損失が発生します。

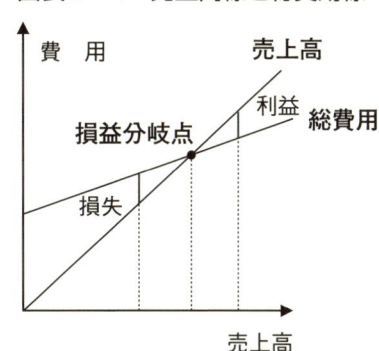

図表3-4　売上高線と総費用線

❹利益の源泉「限界利益」

限界利益とは，売上高から変動費を控除した後の利益のことで，算式で表示すると，次のようになります。

限界利益 ＝ 売上高 － 変動費

イメージしやすいように，先ほどのカーディーラーの例を使って具体的な数字で表してみます。1台80万円で仕入れた車を100万円で販売すると，

売上高（100万円）－変動費（80万円）＝限界利益（20万円）

これが2台になれば，200万円－160万円＝40万円

3台になれば，300万円－240万円＝60万円

というように，限界利益は売上高の増加に伴って増えていきます。

この限界利益が売上高に占める割合を示したものが「限界利益率」で

す。

$$限界利益率（\%）＝\frac{限界利益}{売上高}\times 100＝\left(1-\frac{変動費}{売上高}\right)\times 100$$

カーディーラーの例では，

$$\frac{限界利益（20万円）}{売上高（100万円）}\times 100＝限界利益率（20\%）$$

となります。

つまり売上高1単位に対して20％の限界利益を得ることができるということです。

総コストは，「変動費」と「固定費」によって構成されますから，売上高を得ることで変動費を回収し終えると，あと回収しなければいけないのは残りの「固定費」ということになります。

たとえばカーディーラーの例において，固定費が100万円であったとします。1台の車を売り上げると20万円の限界利益を得ることができるので，固定費100万円を回収するためには，

$$\frac{固定費（100万円）}{限界利益（20万円）}＝5台（販売数量）$$

となります。ここでは，商品を1台100万円で販売していますので，必要な売上高は500万円となります。

車が1台余計に売れても，固定費は追加で発生しません。また，限界利益の算出式からもわかるように，限界利益が固定費と等しくなると，損益はトントンとなります。つまり「損益分岐点」で，限界利益が固定費と等しくなるような売上高が「損益分岐点売上高」というわけです。

たとえば，売上高100万円，変動費60万円，固定費30万円という場合，売上高100万円から変動費60万円を差し引くと限界利益40万円が求められます。そして，ここからさらに固定費30万円を差し引くと，利益10万

円を算出することができます。

　この場合，売上高に対する変動費の割合（変動費率）は60％（変動費60万円÷売上高100万円×100）となります。もし売上高が70万円になったら，変動費は42万円（70万円×60％），限界利益は28万円で，これから固定費を差し引くと2万円の赤字に転じてしまいます。

　このように，コスト（原価）を変動費と固定費に区分することで，どれだけの売上高があれば営業利益を確保できるかを把握することができ，利益計画やコスト管理に活用することができます（なお，限界利益については第5章でも解説します）。

　もう一度整理すると，損益分岐点とは「限界利益をもって固定費を回収しきる売上高の水準」と言い換えることができます。固定費を回収し終えた後は，限界利益分だけ利益が積み上がっていくことが想像できると思います。図表3－5で確認してみてください。

　このように限界利益とは固定費を回収するために必要不可欠な利益であり，利益の源泉といえる非常に大事なものなのです。

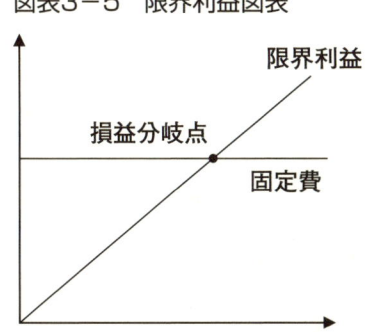

図表3－5　限界利益図表

注：これまで，損益分岐点を考えるとき，グラフの横軸は売上高としてきました。しかし本項では横軸が販売数量になっています。
　グラフの横軸に来る項目は売上高だけにとどまらず，他に稼働時間などもあります。ただし，本章の他の項では，一番わかりやすい売上高を採用しています。

❺安全余裕率

　以上の手順を数式で追ってみましょう。まず，営業利益は次の式で表されます。

　　営業利益＝売上高－固定費－変動費

　損益分岐点においては利益がちょうどゼロになります。つまり，営業利益＝０です。したがって，

　　〈売上高〉－（固定費）－〈変動費〉＝０

　　〈売上高〉－〈変動費〉＝（固定費）

となります。ここで丸カッコではなく角カッコを使っているのは，

　　丸カッコ：定数

　　角カッコ：変数

というイメージです。つまり〈売上高〉，〈変動費〉は「損益分岐点を達成する売上高／変動費」という意味です。

　さらに，変動費は売上高に比例して増加（減少）する費用なので，次のように表すことができます（変動費率は一定の値をとりますので，角カッコにしていません）。

　　〈変動費〉＝〈売上高〉×（変動費率）

すると，

　　〈売上高〉－〈売上高〉×（変動費率）＝（固定費）

　　〈売上高〉×｛１－（変動費率）｝＝（固定費）

$$\langle 売上高 \rangle = \frac{(固定費)}{1-(変動比率)}$$

　この式の分母にある（１－変動費率）を「限界利益率」といい，次のような基本公式が得られます。

$$損益分岐点売上高 = \frac{固定費}{限界利益率}$$

簡単な設例で確認してみましょう。

売 上 高	100
変 動 費	50
固 定 費	30
費用合計	80
利　　益	20

この場合,

$$限界利益率 = \left(1 - \frac{50}{100}\right) \times 100 = 50\%$$

$$損益分岐点売上高 = \frac{30}{50\%} = 60$$

となります。

さて,損益分岐点売上高が60に対して,今の売上高は100ですので,売上高が40%を超えて減ってしまうと赤字になります。言い換えれば,今はまだ40%分の「余裕」がある,と考えることもできます。この割合を「安全余裕率」(または「安全余裕度」)といいます。

数式で定義を書くと,

$$安全余裕率（\%）= \frac{今の売上高 - 損益分岐点売上高}{今の売上高} \times 100$$

つまり,

$$安全余裕率（\%）= \left(1 - \frac{損益分岐点売上高}{今の売上高}\right) \times 100$$

となります。

前掲の設例で確認してみると,次のようになります。

$$安全余裕率 = \left(1 - \frac{60}{100}\right) \times 100 = 40.0\%$$

❻損益分岐点の「損益」をどの利益にするのか

(1) 「営業利益」を用いる場合

これまでの説明のとおり，一般的な管理会計の書籍で紹介されている損益分岐点は「営業利益」ベースでの解説になっていることが多いようです。それは，その部門や製品あるいは企業といった分析対象の本業における実力を示すのが営業利益であり，固定費と変動費の分解もある程度容易にできるといったことが理由であると考えられます。

(2) 「経常利益」を用いる場合

企業を分析対象とした場合は「経常利益」を用いることも有用です。特に，多くの中堅・中小企業は借入があってはじめて経営が成り立っていることを勘案すれば，支払利息をカバーできているかの判断は重要です。そのため経常利益ベースで分析したほうが分析の目的に馴染むと言えます。

(3) 中小企業を分析する際の留意点

営業利益ベースであれ経常利益ベースであれ，注意すべきなのは，中堅・中小企業の場合，経常損益の中にも一時的なコストが含まれていたり，特別損益の中に経常的に発生しているコストが含まれているケースがしばしばあることです。

損益分岐点を今後の経営判断に役立つ分析とするためには，一時的なコストは除外して考える必要がありますし，経常的に発生している特別損失は経常損益あるいは営業損益に含める必要があります。

たとえば，ある流通企業で毎期発生している正規価格を下回る価格での在庫販売について，その売上高を特別利益に，売上原価を特別損失として計上しているとしたら，それらの特別利益や特別損失を売上高および売上原価に戻したほうが判断しやすくなります。

このようにコストの中身を精査し，損益分岐点における利益をどの利益にするかは，分析の目的や対象企業の状況によって柔軟に考えること

が肝要です。

(4) 営業外収益の扱い方

損益分岐点分析の対象を経常利益ベースで行う場合，売上高に加え登場するもうひとつの収益「営業外収益」をどのように扱えばよいのでしょうか。それには2つの方法があります。

① 営業外費用と合算する方法

この本の対象としている中小企業では営業外収益よりも支払利息等を含む営業外費用のほうが多い企業が大半であると考えられます。このような場合は，営業外費用から営業外収益を控除して実質的な営業外費用として計算することができます。しかしながら営業外収益のほうが多い企業の場合，営業外費用がマイナスとなるため分析上不自然なものとなってしまうデメリットがあります。

② 固定費から控除する方法

そこで，営業外収益によってすでに一定の固定費が回収できていると考え，固定費から営業外収益を控除することで「正味固定費」として計算すれば，①のデメリットは解消します。たとえば，本業以外に賃貸物

Column

CVP分析の限界

損益分岐点分析およびCVP分析においては，いくつかの仮定をおいています。たとえば，以下のような仮定があります。
「固定費，限界利益率は分析期間において一定である」
実際の企業活動においてこの仮定が完全に成り立つことはあり得ないかもしれません。たとえば，期中に従業員を増員すれば当然人件費が増え，結果として固定費が増加します。また，資材部が頑張って仕入原価を下げれば，変動費率が下がるので限界利益率が上がります。
そういった企業として当たり前に行われている活動が一切なかった場合にのみ，固定費，限界利益率は一定であると言えるのですが，この仮定は現実的ではないので，あらゆる定量分析と同様にCVP分析にも限界があると言えます。

件をもっている会社では，賃貸物件から得られる賃貸収入は本業での限界利益を獲得する前にすでに一定の固定費を回収しています。これまでの説明のとおり，固定費は回収すべきものという考えに基づくのであれば，本業で回収すべき固定費水準を金額として把握できるこちらの方法の方が分析の性格に馴染むと言えます。

5 コストを固定費と変動費に分類する―固変分解の実務的な手法―

❶固変分解の基本

先ほどの説明で「固定費と変動費の和で総費用が表せる」という仮定を置きました。この仮定が正しいとして，実務上はどのように総費用を固定費と変動費に分ける（これを「固変分解」といいます）のでしょうか？

簡単な例で考えてみましょう。ある企業のある月の月次合計残高試算表（以下，月次試算表）を見ると，次のようになっていました。

　　売上高：10百万円，総費用：8百万円

総費用である8百万円のうち，いくらが固定費で，いくらが変動費であるかわかりますか？

正解は，「この情報だけではわからない」です。

総費用8百万円のうち1百万円だけが固定費である変動費型ビジネスかもしれませんし，その逆で固定費が6百万円というような固定費型ビジネスかもしれません。とはいえ，可能性だけ並べても経営分析には役に立ちません。以下では，総費用を固定費と変動費に分ける方法として代表的な「勘定科目法」を紹介します。

財務会計で会社の経理を処理していれば，売上原価や販売費及び一般管理費はより細かい勘定科目別に集計しているはずです。「勘定科目法」

というのは，一つひとつの勘定科目が固定費に属するか変動費に属するか分類して集計する方法です。

今，「分類して」といいましたが，たくさんの勘定科目の一つひとつを固定費と変動費に分けるのは大変な作業です。そのため，基本的な方針として以下の2つのいずれかの方式を採用することで，いちいち科目の分類に悩まずに固変分解をすることができます。

① 中小企業庁方式
② 日銀方式

ここでは，より簡単な日銀方式の数式を紹介します。

図表3-6　日銀方式による固変分解

項目	計算式
売上高	（総売上高）－（売上値引・戻り高）
固定費	（労務費）＋（経費）－（外注加工費）＋（販売費及び一般管理費）－（営業外支出）
変動費	（売上原価）－（労務費）－（経費）＋（外注加工費）

実務では，勘定科目法が使われていることがほとんどだと思われます。その際に注意しなければならないのは，その固変分解が適切であるかどうかです。ここで不適切な分類をしていると（故意かそうでないかにかかわらず），企業の実態を正確に把握できなくなります。

しかし，「適切に分類しているかどうか」はどうすれば判断できるのでしょうか？　そこで実務的にはどのような方法で固変分解を行い，どのような点に留意すべきであるのかについて解説します。

(1) **中小企業に一律の固変分解が馴染まない理由**

固変分解を行う際に，どれを固定費にするのか，同じ科目でも固定費・変動費両方に関係がありそうだなど，なかなか一律に割り切れず分類に悩むことは少なくありません。もちろん先ほど説明した中小企業庁

方式や日銀方式のような一般的な科目分類を使用するのもよいでしょう。

しかしながら，特に中小企業ではそのような一般的な科目分類が馴染まないことがしばしばあります。それは，中小企業ではその企業によって含まれている内容，または処理している勘定科目が大きく異なることが多いからです。

(2) 実務上のアプローチ

そこで，実務では企業の経理担当者等にそれぞれの勘定科目に含まれている内容をヒアリングで確認し，固定費と変動費を個別に分類していくことになります。

たとえば，一般的に「地代家賃」は固定費に含まれますが，売上高に応じて家賃が課せられるようなテナントに出店している企業などでは，むしろそのテナント料（地代家賃）は変動費に算入すべきものです。ヒアリングによる確認作業はこのような個別事情を反映することができるのです。

このアプローチは，決算書を見るだけで採用することはできませんが，経理担当者に確認ができる融資担当者の立場であれば十分に取り組むことができるものであると思います。

(3) ヒアリング環境や分析時間に制約がある場合

もし，ヒアリングができない場合や固定費・変動費のどちらに分類すべきかがどうしても判断できない場合には，「とりあえず固定費に入れて」計算することをお勧めします。固定費に入れておけば損益分析点は低く計算されるため，保守的な分析となるからです。

❷ 固変分解を行う際の留意点

以上で紹介した「勘定科目法」以外にも，固変分解の手法はさまざまありますが，実務上は勘定科目法が使われることがほとんどです。それ

は，"完全な固変分解は原理的に不可能"だからです。固変分解の対象となるデータはすべて「過去」のデータであり，将来もコスト構造がまったく同じということはあり得ないからです。

そのため，実務では比較的容易にできる勘定科目法を採用し，ヒアリングで精度を補うといった方式をとることで，効率的に固変分解を行うことが多いのです。

また，分析にあたってはその後の作業や後任者のために，どの科目にどのような経費が含まれているのか等のヒアリング結果や，固定費・変動費のどちらに分類したのか等の分析履歴を記録・保存しておくことをお勧めします。

6 目標達成点売上高

融資判断にあたって，返済可能性は気になるポイントのひとつです。企業が返済を行う原資は，言うまでもなく利益です。したがって，設備資金や賞与資金等の利益を財源とする返済（収益弁済）額の水準などから，企業が目標とすべき利益額を設定することができます。

以下では目標利益額を設定し，その値から「目標達成点売上高」を導出する方法を見ていきます。

まず，営業利益＝売上高－固定費－変動費という式に立ち戻って考えてみましょう。

今度は目標利益を得られる売上高はいくらかを求めます。

（目標利益額）＝〈売上高〉－（固定費）－〈変動費〉

〈売上高〉－〈変動費〉＝（固定費）＋（目標利益額）

という関係が得られます。

ここで，損益分岐点分析と同じように式変形を行うと，最終的に

$$売上高 = 目標達成点売上高 = \frac{固定費 + 目標利益額}{限界利益率}$$

という式が得られます。

$$目標達成点売上高 = \frac{固定費 + 目標利益額}{限界利益率}$$

なお,分子に目標利益額が加わっているので,

目標達成点売上高＞損益分岐点売上高という関係があります。

図表3-7　損益分岐点売上高と目標達成点売上高

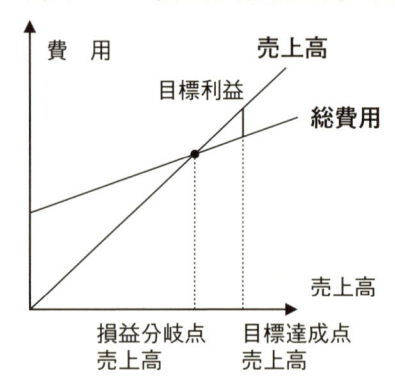

簡単な計算例で確認してみましょう。

限界利益率	40%
固定費	50,000千円
目標利益	30,000千円

製品平均単価：2,000円/個　　営業人員数：5人

$$目標達成点売上高 = \frac{50,000千円 + 30,000千円}{40\%} = 200,000千円$$

$$目標達成点販売数量 = \frac{200,000千円}{2千円} = 100,000個$$

$$目標達成点1人当たり販売数量 = \frac{100,000個}{5人} = 20,000個/人$$

7 CVP分析を通じてコスト構造を理解する

❶事業閉鎖点

　損益分岐点が「限界利益をもって固定費を回収しきる売上高の水準」であることは第4節❹で説明しましたが，これをさらに言い換えれば，「限界利益がマイナスであれば，固定費の回収は一向に進まない」と言えます。

　先ほどのカーディーラーの例を用いて考えてみましょう。

　先ほどは100万円の車を80万円で仕入れていたため20万円の限界利益を稼ぐことができていました。ところが，仕入先の要請により仕入価格が1台110万円に値上げされてしまいました。さて，このときの損益分岐点はいくつになるでしょうか？

　固定費，販売単価の条件を同一として基本公式に当てはめてみると，

$$\frac{固定費（100万円）}{限界利益（-10万円）} = -10台（販売数量）$$

販売数量がマイナスとなってしまいました。つまり，このような状態では販売しないほうがよいということになります。

　限界利益がマイナスとなると，固定費の回収が進むどころか，その事業を継続して売上数量を拡大すればするほど限界利益の赤字分だけ赤字幅が拡大していくことになります。このとき，商品を1台販売するにつれて10万円の赤字が累積していくわけですから，赤字額を小さくするためには何もせず固定費分の赤字で済ませる，つまり事業をやめてしまったほうがよいということになります。

　これを先ほどの「限界利益図表」で確認してみましょう（図表3-8）。

図表3-8　限界利益図表における事業閉鎖点

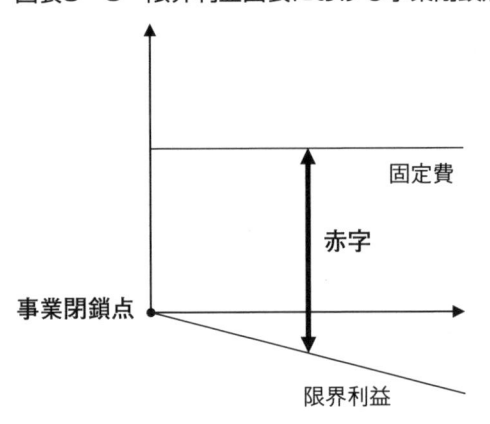

　つまり事業閉鎖点とは、「限界利益がマイナスになってしまう状態」すなわち「変動費が売上高を上回る状態」ということになります。
　たとえば、ある事業の改善を検討している経営者が限界利益ベースでマイナスに陥っている状況でありながら、依然人員削減等の固定費の削減を真剣に考えているケースを想定してみましょう。
　あなたならどのようなアドバイスをしますか？
　このような状況で、しっかりと限界利益の重要性について理解できていれば、以下のようなアドバイスができるはずです。
「たしかに当座の対応として固定費を削減すれば、赤字幅を圧縮することができます。ただし、限界利益が赤字のままでは根本的な改善にはつながりません。もし、販売価格の値上げや変動費の低減をしても限界利益ベースでの赤字が続くのであれば、早期にその事業の撤退を検討したほうがよいのではないでしょうか」
　ただし、このような意思決定はあくまで経営数字を用いた意思決定の一部であって、すべての意思決定を絶対的に左右するものではありません。
　数字以外の情報や戦略性も含めた総合的な視点からの意思決定を行う

べきであることはいうまでもありません。

❷固定費削減の重要性

次に固定費の削減について損益分岐点分析の観点から説明します。

昔から多くの会社で経費の削減に取り組んでいますが，近年では経費削減専門のコンサルティング会社も登場するほど経費の削減は重要視されています。それでは経費の大半を占めている固定費を削減するとどのような効果があるのでしょうか？　簡単な例で考えてみましょう。

(単位：百万円)

	現　状
売　上　高	200
変　動　費	50
固　定　費	50
費用合計	100
利　　　益	100

限界利益率	75%
損益分岐点	67
安全余裕率	67%

まず現在の状況を見てみると，限界利益率は75%，固定費が50百万円なので損益分岐点売上高は67百万円となり，安全余裕率は67%となります。

$$限界利益率 = \left(1 - \frac{50百万円}{200百万円}\right) \times 100 = 75\%$$

$$損益分岐点売上高 = \frac{50百万円}{75\%} \fallingdotseq 67百万円$$

$$安全余裕率 = \left(1 - \frac{67百万円}{200百万円}\right) \times 100 \fallingdotseq 67\%$$

この状況から以下の2つのケースに対して，損益分岐点と安全余裕率

がどのように変化するのかを見てみます（図表3－9）。

　ケースA：固定費を現状から50％削減した場合

　ケースB：変動費を現状から50％削減した場合

図表3－9　コスト削減に伴う損益分岐点と安全余裕率の変化

	固定費削減の場合		変動費削減の場合	
	A	増減率	B	増減率
売　上　高	200	0％	200	0％
変　動　費	50	0％	25	−50％
固　定　費	25	−50％	50	0％
費　用　合　計	75	−25％	75	−25％
利　　　益	125	25％	125	25％
限界利益率	75％	0％	88％	17％
損益分岐点	33	−51％	57	−15％
安全余裕率	84％	25％	72％	7％

　するとどうでしょうか。それぞれ削減した金額は，25百万円と同額です。ところが固定費を削減したケースAの損益分岐点売上高が33百万円となり大幅に低下したのに対し，変動費を削減したケースBでは57百万円とあまり変化していません。同様に安全余裕率を見てみると，ケースAでは84％と大幅に改善したのにもかかわらず，ケースBでは72％とわずかな改善率にとどまっています。

　なぜこのようなことが起こるのでしょうか。

　そこで，表の「増減率」に注目してみましょう。

図表3－10　コスト削減に伴う損益分岐点の変化

	コストの減少率	損益分岐点の変化
ケースA	固定費−50％	−51％
ケースB	変動費−50％	−15％

　このように変動費あるいは限界利益は売上高と連動するため，分母で

ある売上高200百万円に対する限界利益率の増加は＋13％となり，変動費の減少率イコール損益分岐点の減少率とはならないのです。

これは，距離と速度の関係に似ています。ここでいう距離とは回収しなければいけない固定費の高さをいい，速度とは限界利益を積み上げていく速さ，つまり限界利益率をさします。したがって，速度（限界利益率）を速めるよりも，到達（回収）すべき距離（固定費）を縮めるほうが，より早く目標（損益分岐点）に到達することができるのです。このように，「固定費」は削減した固定費減少率分だけ損益分岐点を引き下げることができます。

❸変動費化の影響度

企業経営において，ある業務をこのまま自社で行うのか，あるいはアウトソーシング（外注）すべきなのかは非常に重要な問題となります。そのほか，季節的な変動が大きいため正社員からアルバイトへの切り替えを検討する等の問題も「変動費化」に伴う問題です。

ここでは損益分岐点やCVP分析の考え方からこの問題を考えてみましょう。

(1) 変動費化後のP/L

まず，固変分解を終えた現状のP/Lと，固定費を変動費化した後のP/Lを確認してみます。その際，変動費化によってコストの絶対額は変わらないものとします。

	現　状	変動費化	増　減
売 上 高	100	100	0
変 動 費	20	40	20
固 定 費	50	30	−20
費用合計	70	70	0
利　　益	30	30	0

ここまではコストの総額が変わっていないため，どのような変化が生

じたのかがわかりにくくなっています。そこで，損益分岐点を比較してみます。

	現　状	変動費化	増　減
固　定　費	50	30	−20
限界利益率	80%	60%	−20%
損益分岐点	63	50	−13

固定費削減の重要性については前項で触れましたが，固定費の減少は損益分岐点の引き下げをもたらします。他方，限界利益率が低下していることにも注目する必要がありそうです。

(2) **売上高が変動した場合**

そこで，売上高が変動した場合に，現状のコスト構造を維持した場合と変動費化を進めた場合でどのような違いがでてくるのかを試算してみることにします。

① 現状のコスト構造を維持したケース

売　上　高	70	80	90	100	110	120	130
変　動　費	14	16	18	20	22	24	26
固　定　費	50	50	50	50	50	50	50
費用合計	64	66	68	70	72	74	76
利　　益	(6)	14	22	30	38	46	(54)

限界利益	56	64	72	80	88	96	104
限界利益率	80%	80%	80%	80%	80%	80%	80%
損益分岐点	63	63	63	63	63	63	63

② 変動費化を実施したケース

売上高	70	80	90	100	110	120	130
変動費	28	32	36	40	44	48	52
固定費	30	30	30	30	30	30	30
費用合計	58	62	66	70	74	78	82
利益	(12)	18	24	30	36	42	(48)

限界利益	42	48	54	60	66	72	78
限界利益率	60%	60%	60%	60%	60%	60%	60%
損益分岐点	50	50	50	50	50	50	50

この2つの表を比較してみると，当然損益分岐点売上高についてはコスト構造が一定であるため売上の増減にかかわらず同じ水準となっています。ところが，実際の利益を比較してみると以下のことがわかります。

現状のコスト構造を維持したケースでは，売上高が減少した場合は利益が非常に小さくなってしまうのに対して，売上高が増加した場合の利益増加額は大きいものとなっています。一方，変動費化を実施したケースでは，売上が減少した場合でも一定の利益を残していますが，売上高が拡大したときの利益伸張率はそれほど大きくありません。

このことから，変動費化を検討するにあたってのメリット，デメリットを要約すると以下のようになります。

図表3-11 変動費化のメリット，デメリット

メリット	回収すべき固定費の水準が下がることで，損益分岐点を引き下げることができる。
デメリット	限界利益率を低下させるため，増収時における利益伸張率が低下する。

以上のことを再度グラフで確認します。

図表3-12　現状と変動費化後の利益の比較

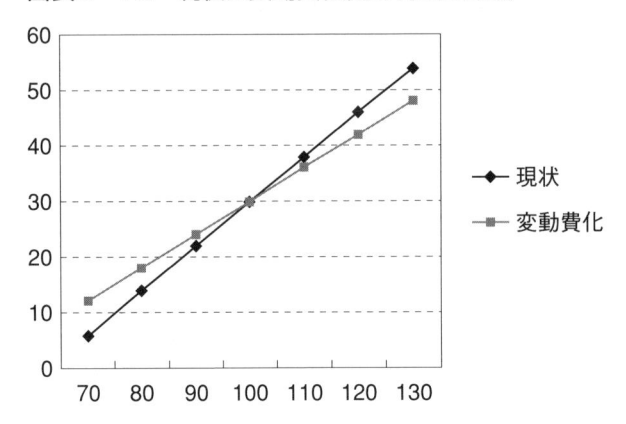

　それでは，なぜこのようなことが生じるのでしょうか？　この問題を考えるときのポイントは，やはり限界利益です。限界利益を算出する式で確認してみましょう。

　　限界利益＝売上高－変動費

　　売上高－変動費（↑）＝限界利益（↓）

という関係にあります。つまり，変動費の増加は限界利益の低下をもたらし，結果的に事業付加価値を低下させてしまうことになります。

　他方，売上高が1単位増加した場合の利益増加幅である限界利益率が大きいということは，裏を返せば1単位の売上を失ったときに減少してしまう利益も大きいということにもなるのです。

　これらを総合すると，以下の示唆が得られます。

今後一定の増収が見込める場合	固定費として投下したほうが望ましく，獲得できる利益は大きいものとなる。
今後減収リスクがある場合	変動費化を進め損益分岐点を引き下げるのが望ましい。

　このような考え方は，外注政策や正社員から臨時社員への変更を検討

するケースなど，さまざまなケースに応用が可能です。

❹変動費型ビジネスと固定費型ビジネス

(1) 一般的な分類と特徴

この章の最後に，これまで見てきた変動費化がもたらす影響の復習も兼ねて，変動費型ビジネスと固定費型ビジネスの特徴を整理しておきましょう。まず，一般的には以下のような特徴があります。

	特　徴	代表的な業種
変動費型	損益分岐点が低く，売上が減少した場合には大きな損失とならないが，売上が増加しても大幅な増益とならない。	卸売業 小売業
固定費型	損益分岐点が高く，売上が減少した場合には大きな損失となるが，売上が増加すると大幅な増益になる。	装置産業 製造業 サービス業

このような特徴は，先ほどの変動費化の影響でも見てきたとおり，同じコストでも変動費として投下されているのかあるいは固定的なコストで投下されているのかによって，大きな違いが生じるわけです。

図表3-13　変動費型ビジネスと固定費型ビジネス

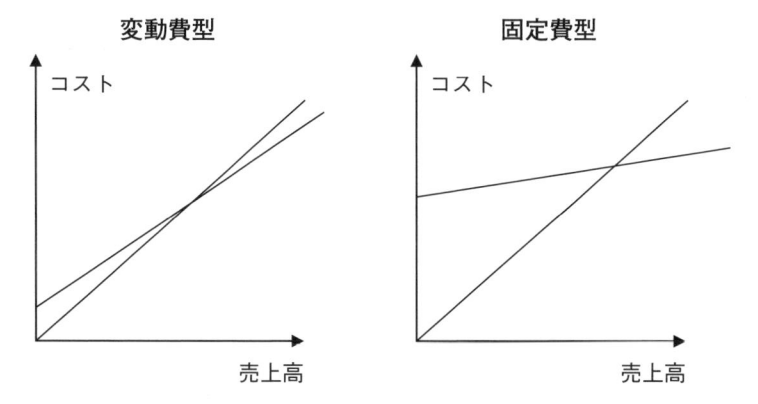

たとえば，一般的な「製造業」は工場や製造機械など設備投資が大きいため，固定費が大きくなりますから，典型的な「固定費型ビジネス」です。

(2) 取引先に対するアドバイスのポイント

① 変動費型ビジネスの場合

> ポイント：「限界利益率の管理が適切に行われているか？」

変動費型ビジネスの場合，当然のことながら投下されているコストの大半は変動費になります。したがって，売上高と密接に関連している仕入高や外注加工費等が適切な水準で維持できているのかが重要となります。その際，あくまで売上高に対する比率指標で管理し，過去からのトレンドや水準を管理していくことになります。

② 固定費型ビジネスの場合

> ポイント：「操業度がどの程度の水準になっているのか？」

固定費型ビジネスの特徴は，損益分岐点が高い一方で，一度損益分岐点を超えると飛躍的に利益が増加することでした。したがって，固定費を回収できる操業度が維持できているのか，操業度が限界であるならばその操業度で十分な利益が捻出できる固定費の水準はどのくらいであるべきか等を管理していくことになります。

③ 留意点

このような分類を行う際，留意していただくことがあります。それは，先ほどご紹介した一般的な分類で変動費型・固定費型を判断するのではなく，しっかりとその企業の財務諸表から固変分解をして判断する必要があるということです。

筆者がある再生紙製造業のコンサルティングを担当した際，最初はその業種のイメージから典型的な装置産業であり，固定費型ビジネスであ

ると思っていました。ところがその会社の財務諸表を分析してみると，総コストの70％以上が原材料費を中心とする変動費であり，事実上は変動費型ビジネスであるということがわかりました。そのような分析から，操業度を重視していた経営者に対して，限界利益率の管理と改善に関する助言を行いました。

　読者の皆さんが担当先の分析や相談を受ける際にも，融資先の企業が変動費型のビジネスであるのか，固定費型のビジネスであるのかを見極めたうえでアドバイスする必要があることを覚えておきましょう。

❺CVP分析を融資先企業へのアドバイスに活用する

　これまで見てきたように，損益分岐点をはじめとするCVP分析の考

Column

CVP分析を使った予算設定への応用

　上層部から無理やり達成不可能な売上予算を押し付けられ，現場が期首早々からやる気を失ってしまっている会社を見かけたことはないでしょうか？

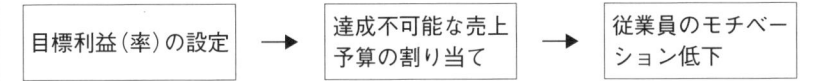

　目標利益（率）の設定　→　達成不可能な売上予算の割り当て　→　従業員のモチベーション低下

　そこで，先ほどの損益シミュレーションを目標設定に応用してみます。

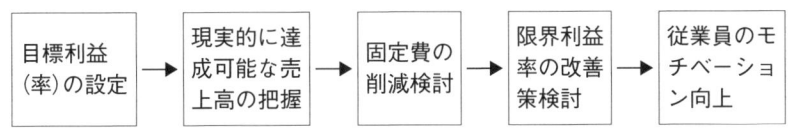

　目標利益（率）の設定　→　現実的に達成可能な売上高の把握　→　固定費の削減検討　→　限界利益率の改善策検討　→　従業員のモチベーション向上

　このように，CVP分析の考え方を応用すれば，売上高に一定の制約がある場合に，目標利益（率）を達成するために必要な固定費の削減幅や限界利益率の改善水準を定量的に把握することが可能となります。

　ただし，このアプローチを採用するにあたって，あまり容易に達成できる売上水準を所与としてしまうと，売上をさらに拡大させていく可能性をつぶしてしまうことになりかねません。目標設定にあたっては，達成可能性と成長性のバランスをとりながら目標設定に取り組むことが必要です。

え方は，分析企業が「黒字企業」であってもさまざまな示唆を与えてくれる非常に強力な分析ツールと言えます。読者の皆さんも本章で紹介した損益分岐点分析やCVP分析の基本をしっかりと理解し，担当先企業のコストの考え方や改善に向けた施策について，これまでとは異なった視点で相談にのってみてはいかがでしょうか。

第3章 ●企業のコスト構造を把握する

EXERCISE
練 習 問 題

❶基本計算問題

【問題1】 以下の条件から損益分岐点売上高を算出してください。

売 上 高	3,500
固 定 費	1,500
変 動 費	2,000
営 業 外 収 益	150
経 常 利 益	150

※なお固定費には営業外費用も含まれています。

【問題2】 問題1の条件に加え,以下の条件を考慮した場合の目標達成点売上高を算出してください。

① 現状の資本利益率　3.43％
② 目標の資本利益率　5.00％
③ 資本回転率は今後も一定とする。

$$\langle 参考 \rangle \ 資本利益率 = \frac{利益}{資本} = \underbrace{\frac{利益}{売上高}}_{(売上高利益率)} \times \underbrace{\frac{売上高}{資本}}_{(資本回転率)}$$

解 答

【問題1】

$$限界利益率 = \left(1 - \frac{2,000}{3,500}\right) \times 100 \fallingdotseq 42.86\%$$

回収すべき固定費 = 1,500 − 150 = 1,350

$$損益分岐点売上高 = \frac{1,350}{42.86\%} \fallingdotseq 3,150$$

【問題2】 まず,資本利益率=売上高利益率×資本回転率と分解できます。この式から現状の資本回転率を逆算します。

$$現状の売上高利益率 = \frac{150}{3,500} \times 100 ≒ 4.29\%$$

$$現状の資本回転率 = \frac{3.43\%}{4.29\%} ≒ 0.80回$$

そこで条件③より，資本回転率は一定であるため目標総資本利益率を割り戻すことで目標の売上高利益率が算出されます。

$$目標の売上高利益率 = \frac{5.00\%}{0.80回} \times 100 = 6.25\%$$

ここまでくればあとは基本公式に当てはめるだけです。

$$目標達成点売上高 = \frac{1,350}{42.86\% - 6.25\%} ≒ 3,688$$

したがって，目標の利益率を達成するためには現状から5.4%の売上増加が必要ということがわかります。

❷応用問題

株式会社Aの前期の経常利益は50百万円，経常利益率は2.5%とまずまずの業績でした。

(単位：百万円)

前期P/L		売上比	固変分解
売　上　高	2,000	100.0%	
売 上 原 価	1,100	55.0%	変動費
人　件　費	300	15.0%	固定費
減価償却費	250	12.5%	固定費
水道光熱費	50	2.5%	変動費
その他経費	200	10.0%	固定費
営　業　利　益	100	5.0%	
営業外収益	100	5.0%	△固定費
営業外損失	150	7.5%	固定費
経　常　利　益	50	2.5%	

ところがある日，資材部の報告により，「今期は原油価格の高騰によって

売上原価率が3％程度上昇する」ことが判明しました。

【問題1】 これまでの情報から来期の経常利益を予想してください。

解 答

【問題1】

まず，前期P/LによるとA社の回収すべき固定費は，

　　固定費 900百万円 － 営業外収益 100百万円 ＝ 800百万円

となります。一方，限界利益率は，

$$\left(1 - \frac{変動費\ 1,150百万円}{売上高\ 2,000百万円}\right) \times 100 = 42.5\%$$

となります。ここで今期想定される売上原価の上昇を反映すると，今期の経常利益見通しは以下のとおりとなります。

　　前期限界利益率 42.5％ － 売上原価上昇率 3.0％ ＝ 39.5％

今期の売上高は前期水準で推移しているので，今期の限界利益と経常利益は，

　　今期売上高 2,000百万円 × 限界利益率 39.5％ ＝ 790百万円

　　限界利益 790百万円 － 固定費 800百万円 ＝ ▲10百万円

――――― ＊ ――――― ＊ ―――――

ここまでの内容を今期予想P/L①で確認してみます。

	前期	今期①
売 上 高	2,000	2,000
固 定 費	800	800
変 動 費	1,150	1,210
限界利益率	42.5％	39.5％
経 常 利 益	50	▲10
経常利益率	2.5％	▲0.5％

このままでは，今期は10百万円程度の赤字に転落してしまいます。黒字を確保するためにまず必要となるのが経費の削減です。ここでは，目標利益を

10百万円と置きます。

10百万円の黒字を捻出するためには20百万円の経費削減が必要であることから,各部門の責任者に呼びかけ経費削減策を検討しました。

ところが,どんなに不要な経費を削減できても固定費を前年比10百万円削減するのが精一杯であることがわかりました。

ここまでの情報を整理し,今期予想P／L②で確認してみます。

	今期①	今期②
売　上　高	2,000	2,000
固　定　費	800	790
変　動　費	1,210	1,210
限界利益率	39.5%	39.5%
経　常　利　益	▲10	0
目　標　差　額	▲20	▲10

これ以上の経費削減が難しい以上,なんとか売上高を増やすしかありません。そこで,A社社長が得意先Bに打診したところ,「通常よりも仕入価格を下げてくれるのであれば,100百万円程度買い取ってもよい」との回答がありました。さっそくその内容を経理部に問い合わせたところ,この追加販売を行うことで全体の限界利益率がさらに1ポイント低下することがわかりました。

【問題2】　これまでの情報から,目標利益を達成するために必要な追加販売分はいくらであるかを算出してください。

解　答

【問題2】

今期の限界利益率から追加販売に伴う低下率を減算して,追加販売後の限界利益率を算出します。

　　39.5% － 1.0% ＝ 38.5%

固定費の削減努力により，今期回収すべき固定費は790百万円となったので，目標利益10百万円としてこれを達成するための必要売上高を算出します。

$$\frac{必要回収固定費\ 790百万円＋目標利益\ 10百万円}{追加販売後限界利益率\ 38.5\%} ≒ 2,078百万円$$

必要追加販売分 ＝ 目標利益達成点売上高 2,078百万円 － 成り行き売上高 2,000百万円 ＝ 78百万円

以上の試算結果をもとに，得意先Bに対して追加分として78百万円の販売を依頼することに決めました。

念のため，今期予想P／L③で確認してみましょう。

	前期	今期③
売上高	2,000	2,078
固定費	800	790
変動費	1,150	1,278
限界利益率	42.5%	38.5%
経常利益	50	10
経常利益率	2.5%	0.5%

今回のケースでは説明を容易にするために，単純な数値で解説しましたが，実際には本物の財務データを使って行うことになります。このように，CVP分析を応用することで，一定の制約条件を考慮したうえで，想定されるコスト変動を予測した収益シミュレーションを定量的に行うことができます。

（岸　研太・山川信之）

第4章

事業計画の確度を検証する

　事業計画は，融資判断をする際の必須資料です。しかしながら，中堅・中小企業においては，経営者が事業計画の重要性および作成方法を理解していない等の理由により，精度の高い事業計画が作成されていないことが少なくありません。

　第4章では，融資先企業に事業計画作成のアドバイスができるようになることと，融資判断時に提出された事業計画を検証できることを目的として，事業計画の概要について学習します。

　前半では，①融資判断時の有用性，②経営管理上の重要性を解説します。後半では，①作成パターン，②作成手順，③検証ポイントを解説します。

　事業計画の精度を上げるためのアドバイスを行えるレベルにまで達することができれば，融資先企業の信頼を獲得することができて，皆さんの業績も上がるでしょうし，何より仕事がもっと楽しくなるはずです。

1 融資判断に必要な資料とは？

　第4章では，事業計画の意義・作成方法を解説します。その後，皆さんが融資判断を行う際に，企業から提出された事業計画を検証するためのポイントについて考えていきます。

❶決算書は過去の実績

　融資担当者の皆さんは，「融資の判断材料として，最も重要な資料は何ですか？」と質問されたら，「決算書」と答える方も多いのではないでしょうか。当然，新規に融資する企業と取引実績のある企業とでは，必要な資料は変わってきます。新規に融資する場合は，企業がどのような事業をどのくらいの規模で行っているかを把握するために会社概要が必要となることがあります。状況により必要資料は変わりますが，新規に融資する場合も，取引実績のある場合も，決算書は融資判断の必要資料として欠かせないものです。しかし，融資判断を決算書のみで行った場合，判断を誤る懸念があります。

　現在のビジネス環境が過去と違う点は，競合企業の対象が海外企業まで広がったこと，製品ライフサイクルが短くなったこと，規制緩和により市場参入が容易になったこと，IT環境の整備により遠隔地での取引が可能になったことなどがあげられます。

　その結果，同じ業界内でも業績格差が生じ，「勝ち組」と「負け組」が存在するようになりました。過去は，融資先の企業が属する業界が右肩上がりの成長を続けている場合，上昇率は違っていても，個別企業の業績も右肩上がりに成長していました。しかし現在は，成長市場にある業界に属している企業であっても，減収減益になってしまうこともあります。企業の属する業界が好調な場合でも，必ずしもその企業の業績が安定しているとはいえないのです。

また，企業の業績の変動幅が大きくなり，たった数カ月で業績が悪化することもあります。携帯電話のように1年間に何度もモデルチェンジをするなど，製品ライフサイクルが非常に短くなっていることや，公共工事のような長期プロジェクトが減少していることによるものと思われます。このため，上場会社は四半期決算の公開を義務づけられました。極端なケースですが，前期に大幅な黒字を計上していても，翌期に倒産してしまう企業もあります。

このように前期の決算書だけでは，将来の予測が難しくなりつつあります。本来，融資は，企業の過去の実績ではなく，将来の回収可能性を判断材料として行うものです。前期の実績数値が良い数値をさし示していても，それのみで将来の回収可能性を担保するものとはいえません。先に書いた企業の環境を考えると「その数値が翌期以降も継続的に続いていく」という根拠を示すことが，将来の回収可能性を担保することになります。

❷事業計画で企業の将来を予測する

過去の決算書だけでは足りないとなると，必要になってくるのは将来予測を立てた計画となります。それが事業計画です。

融資判断を行う際には，将来の回収可能性に目を向ける必要があります。しかし，融資担当者の皆さんが何十社もある担当企業の決算書を一つひとつ加工して，将来予測を作成していくことは困難です。そのため，事業計画を担当企業に作成してもらう必要があります。また，事業計画は融資のために作成するものではなくて，企業にとって，今後の経営をいかに行っていくかを決定し，それに向けた方策を策定するのに，非常に重要な意味を持つものです。決して，融資のためだけに企業に余計な資料を作成していただき，負担をかけるわけではありません。

事業計画が企業にとって重要であるにもかかわらず，中堅・中小企業

においては，精度の高い事業計画を作成している企業は多くなく，また事業計画を作成したことがない企業もあります。そのため，融資の可否を判断する際に事業計画を重要な判断材料として使えないこともあるのではないでしょうか？　企業の経営者から，下記のような事業計画を提出されたときや，「将来の計画は俺の頭に入っているから，事業計画を作成する必要などない」と言われたときは，事業計画の意義をきちんと説明して，作成方法のアドバイスができるようになっていただきたいと思います。

- 経営者の決意表明のような文章のみの事業計画
- 根拠がないにもかかわらず，売上が右肩上がり，原価が右肩下がりの事業計画
- 理想値によるもので，結果として毎年大きく未達となる事業計画

など

2 事業計画とは？

　事業計画が融資判断に必要な資料であることはご理解いただけたと思います。それでは，事業計画の意義を理解するため，事業計画の位置づけを把握することからはじめます。

❶事業計画の位置づけ

　企業は，時間軸にかかわらず企業が持ち続けなければならない不変的な価値として，「経営理念」を定めなければなりません。その経営理念のもと，将来あるべき姿として「ビジョン」を定めます。

　企業は，そのビジョンに達するために，10年，5年，3年，1年などの期間を段階的に区切り，その段階別に達成すべき「経営目標」を定めていきます。そして，現状から目標値やビジョンに達成するための戦略

および行動計画を策定します。戦略および行動計画は、いかにしてビジョン・経営目標に到達するかの方法論に重点を置いています。

一方で、その方法の正当性を検証する際には数的検証が必要となります。当然、戦略・行動計画を策定する際に数的検証は加えますが、数値化することに重点をおいたものが、「事業計画」となります（図表4－1参照）。しかし、中堅・中小企業では、経営理念やビジョンが明確に定まっていない企業もあります。そういった企業においては、ビジョンとまではいかなくても、少なからず数年後の目標を明確にしておくべきです。その目標を達成するために「事業計画」を作成します。

図表4－1　経営における事業計画の位置づけ

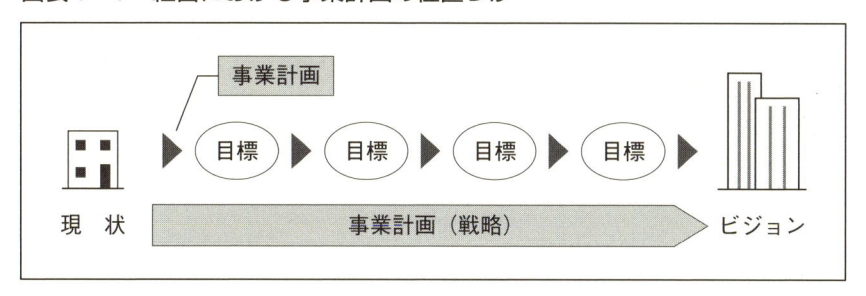

```
現状 ▶ 目標 ▶ 目標 ▶ 目標 ▶ 目標 ▶ ビジョン
         事業計画（戦略）
     （事業計画）
```

❷事業計画の内容

的確な融資判断をするためには、企業から提出された事業計画の数値を検証する能力が必要となります。そのため、ここでは、戦略や行動計画の立て方についてではなく、事業計画の数値を中心に説明していきます。

事業計画の数値は、目標値＝正常収益力＋戦略の影響額となります。

(1) 正常収益力

正常収益力 ＝（過去実績 － 特殊要因）× 需要動向

正常収益力とは、平時の市場・競合環境の下で、企業が現在の営業活動を続けた場合にあげられる収益力のことをいいます。この正常収益力

は，いわば企業の現状の実力といえます。現状の実力を知らなければ，ビジョン・目標に到達するために何をすればいいかを，正確に理解することはできません。

それでは，企業の現状の実力である正常収益力はどのように把握すればいいのでしょうか？

正常収益力の把握は，過去の決算書を見ることからはじめます。過去に「特殊要因」がなければ，この数値に需要動向を加味したものが正常収益力になります。「特殊要因」とは，単年度の収益のみに影響するような事象や，定期的だが数年に一度といったペースで収益に影響を及ぼすような事象などです。「特殊要因」と呼べるような事象が前期の収益に影響していた場合，その影響額を前期の決算書から取り除いて算出された収益が，正常収益力となるのです。

それでは，「特殊要因」のある場合の正常収益力（ここでは売上のみ）の算出の仕方を確認していきます。

> **例題** 前期の売上が120百万円の建設業の企業があります。今期の需要予測は対前年比80％となっています。また，前期は競合企業が指名停止を受けていたため，受注が好調で，その効果が20百万円でした。この企業の正常収益力は，競合企業の指名停止が解除される今期は，前期と同様の売上120でよいでしょうか？

解答例 まず，「特殊要因」を取り除くことからはじめます。前期は競合企業が指名停止を受けており，今期は指名停止が解除されるため，この指名停止は，前期だけの増収効果であるため，「特殊要因」に当たります。前期の売上120百万円から「特殊要因」である20百万円をマイナスし，120百万円－20百万円＝100百万円となります。

需要動向を加味すると，100百万円×80％＝80百万円となります。

前期と同額の売上を確保する場合は，当然，今までの営業活動ではなく，追加の戦略を考えなければいけません。この追加の戦略は，正常収益力ではなく，次に述べる「戦略の影響額」となります。

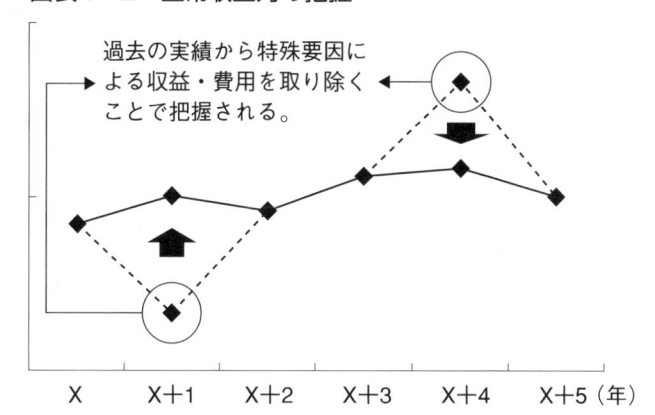

図表4－2　正常収益力の把握

（過去の実績から特殊要因による収益・費用を取り除くことで把握される。）

X　X+1　X+2　X+3　X+4　X+5（年）

(2) 戦略の影響額

戦略の影響額 ＝ 達成確度 × 効果額

戦略の影響額とは，企業の戦略に基づく行動計画を実行できた場合に業績を引き上げる効果を金額で表したものです。正常収益力と目標値の差額を埋めるものが戦略です。融資が必要な戦略となると，設備投資が中心となります。この設備投資に関する事業計画については，第5章で詳細に説明します。

戦略の影響額を把握する際に留意するべきポイントは，戦略の達成確度と効果額にきちんと分けて考えなければいけないということです。達成確度の判断の難しい戦略も多くあり，戦略の影響額を算定する際は，注意を要します。「生産設備に投資をし，生産能力を2倍に上げる」という戦略の場合，生産能力が2倍に上がっても，受注量が同じであれば，達成確度はゼロになり，戦略の影響額もゼロになります。

達成確度がどの程度あり，効果額がきちんと見積もられているかを確認する必要があります。

> **例題** 新規店舗をオープン予定の飲食店を営む企業があります。用地も取得済みで，店舗も建設中です。飲食店の免許や従業員の確保の問題もありません。前期も同条件の立地に出店しており，その効果額は，50百万円でした。この戦略の影響額はどのくらいでしょうか？

解答例 店舗も建設中で，免許・従業員の確保の問題もないということですので，達成確度は100％と考えてよいでしょう。効果額も前期に出店した同条件の店舗が参考になるため，50百万円と考えて構わないでしょう。よって，戦略の影響額は，100％×50百万円＝50百万円となります。

しかし，実際は戦略により達成確度の判断が難しいものや，効果額の算定が難しいものがあります。達成確度については，その戦略に対する行動計画がきちんと計画されており，現在まで順調に進んでいるかにより判断します。効果額については，過去の事例や同業他社の事例が参考になります。

3 事業計画の本来の役割

事業計画は融資時の判断材料になりますが，何も融資申込みのためだけに作成されるわけではありません。本来，事業計画は，企業の経営管理に用いるために作成されます。

ここからは，企業の経営管理上の事業計画の役割を説明していきます。事業計画は，①企業の経営目標・経営方策の明確化と共有を図るものであると同時に，②業績評価の判断基準，③数値化された上司から部下へ

の期待値でもあります。

(1) **企業の経営目標・経営方策の明確化と共有**

事業計画は経営目標の目標値を示すとともに，経営目標を達成するための道筋を示します。事業計画を作成し，全社的にこれを公表することにより，社員全員で経営目標とそこにたどり着くまでの道筋を共通認識することができるようになります。

(2) **業績評価の判断基準**

事業計画は，前項で述べたように企業の掲げた目標値を示すものです。それは同時に，目標の達成度合いを判断する基準となります。

「評価」を行うには必ず基準が必要です。基準がないと，企業の何が悪く，何が良かったのか判断ができません。明確な基準を打ち出さずに経営者の感覚による評価を行っていては，社員は何を目指して仕事をしていいのか判断がつきません。

評価基準がある企業でも，中堅・中小企業では，前期，前々期の実績と比べて今期はどうであったかというように，評価基準を過去の業績としてしまうケースがほとんどです。過去の業績を評価基準にしてしまうと，今期の業績評価を見誤る可能性があります。たとえば，今期の業績が過去の業績よりも伸びていても，市場の成長がそれ以上に伸びているような場合も考えられます。実際は市場の成長がなければ過去の業績よりも下回っているにもかかわらず，過去の業績を評価基準とすると，今期の業績は高評価されるものとなってしまいます。「過去」という基準を採用してしまうと，現在・未来に向けた視点を欠いた業績評価をしてしまう結果となります。

(3) **上司から部下への期待値の通知**

事業計画を社内に公表し，各部門・事業部に対しても目標値を作成することにより，各部門・事業部単位での目標を企業全体で共有できることになります。各部門・事業部内部でも，上司から部下へ目標を振り分

けることになるでしょう。事業計画の目標値は，企業から部門へ，上司から部下へどれぐらいの期待をしているかを，公表することを意味します。反対に部門や部下は，企業または上司からの期待に応えなければならない責任を負うことになります。たとえば，ある事業部門の販売計画が1億円なら，事業部門は1億円販売することを期待され，責任を負っているということになります。

しかし，注意しなければいけない点もあります。経営者が単独で事業計画を作成し，各部門に目標値を割り当てた場合，経営者の期待値が高すぎたり，経営者の独断で強気の数字を作りすぎたりしてしまうと，部下はその目標値を必ず達成すべき目標として捉えず，事業計画が形骸化してしまいます。

4 事業計画の作成

ここでは，事業計画は具体的に「誰が」「何を」「どのようにして」作成するのかを見ていきます。事業計画の作成方法を説明したうえで，融資判断をする際に事業計画のどのような点を検証すればよいのかを考えます。

❶事業計画は「誰が」作成するのか？

事業計画の作成方法には，経営陣・管理部門が単独で作成するトップダウン型（割り当て型），現場の各部門や各事業部に作成させた来期の計画を統合して作成するボトムアップ型（積み上げ型），経営陣・管理部門と現場の部門長がそれぞれ来期の計画を作成し，それをもとに議論して作成する参加型（折衷型）の3つがあります。

それぞれの作成方法別の企業にとってのメリット，デメリットをまとめてみると図表4－3のようになります。

図表4-3　事業計画の作成主体

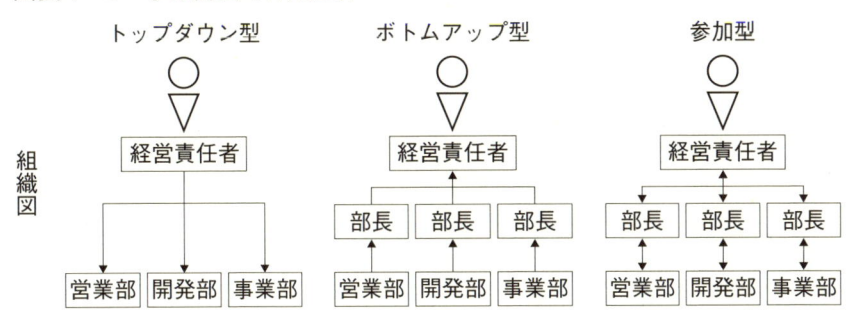

組織図

トップダウン型
経営責任者 → 営業部／開発部／事業部

ボトムアップ型
経営責任者 — 部長・部長・部長 — 営業部／開発部／事業部

参加型
経営責任者 — 部長・部長・部長 — 営業部／開発部／事業部

メリット

- **トップダウン型**
  - 時間・コストが比較的少なくてすむ
  - 経営者の意思が反映されやすい
- **ボトムアップ型**
  - 現場の特殊要因を把握しやすい
  - 現場の参加意識が醸成できる可能性が高い
- **参加型**
  - 目標設定が適正になる可能性が高い
  - 現場の参加意識が醸成できる可能性が高い

デメリット

- **トップダウン型**
  - 目標設定が過大になる
  - 現場の参加意識が芽生えにくい
- **ボトムアップ型**
  - 目標設定が過少になる
  - 時間・コストがかかる
  - 経営者の意思が反映されにくい
- **参加型**
  - 時間・コストがかかる
  - 議論がまとまらない可能性がある

　どの方法にもメリット・デメリットはありますが，組織全体が成長していくにはボトムアップ型・参加型が好ましいでしょう（ただし，規模の小さな企業においては，トップダウン型しか選択できない場合もあります。企業の規模や成長段階に応じて作成方法を変更していく必要もあります）。

　ボトムアップ型・参加型の事業計画を作成するには，組織体制・管理体制が整備されていなければなりません。さらに，各部門長も財務面への基礎能力が必要です。はじめは大変でも，毎期現場から事業計画を作成することを繰り返すことにより，組織全体の力が上がるはずです。それと同時に事業計画の精度も上がってきます。現場の人間の意見を取り入れた事業計画こそ精度の高い事業計画だといえるでしょう。はじめは，企業単独で作成することは困難です。外部の顧問税理士やコンサルタントを利用するなどをして，現場の人間が事業計画の作成にかかわること

ができるような仕組みづくりや能力の開発をしていくことが必要です。

　融資判断を行う際は，事業計画を「誰が」作成しているかを把握する必要があります。作成方法ごとに，どのような状況が起こっているかを想定しておくことで，事業計画の精度を探る効果的な質問をすることができるでしょう。精度の低い事業計画になってしまっている場合，それぞれの作成方法でどのような原因が考えられるかを確認しておきましょう。

(1)　トップダウン型で作成されている場合

　中堅・中小企業では経営者・管理部門が単独で作成してしまう場合がほとんどです。このような場合，管理部門は特別な検証を行わず，結局過去の決算書の数値と予測数値が同額であったり，根拠もなく過去の数値を2割アップさせていたりすることも少なくありません。

　経営者が営業部の出身であれば，売上予測の精度は正しくできるでしょうが，原価予測は難しい可能性もあります。このように経営者がどこの部門の出身であるかによっても数値の精度が変わります。

　トップダウン型では，管理部門がどの程度の検証を行っているかがポイントとなります。たとえば，検証した資料を見せてもらうのもいいでしょう。

(2)　ボトムアップ型で作成している場合

　現場から上がってくる数値の整合性がとれない場合が少なくありません。そもそも，ボトムアップ型で作成する場合，部門別の損益や商品別の管理等の組織体制がそろっていることが必須です。加えて，事業計画を目標値として掲げ，部門長各人が事業計画に対して必達目標であることを意識していなければなりません。そのような体制が整っていない場合，現場から上がってくる数値はいい加減なものであることが多くなります。

　ボトムアップ型では，社内の体制がどのようになっているかがポイン

トとなります。たとえば，部門長などを教育するプログラムに数値管理が入っているかなどの確認をしてみるのもいいでしょう。

（3） **参加型で作成している場合**

ボトムアップ型と同様の組織体制がそろっていることが必須となるうえに，議論をする場で経営者が強権を振るわないようになっていなければなりません。議論の場で経営者が強権を振るってしまうと，結局実質トップダウン型となってしまい，現場の作業が増加しただけとなってしまいます。その場合，トップダウン型と同様の状況確認をしておく必要があるでしょう。そもそも，組織体制が整っていないような場合は，ボトムアップ型同様の状況確認をしておく必要があります。

参加型では，トップダウン型とボトムアップ型のバランスがどの程度取れているかがポイントとなります。たとえば，議論の場の雰囲気を聞いてみるのもいいでしょう。

❷事業計画では「何を」作成するのか？

事業計画は，将来の戦略および行動計画を策定し，それらを数値化することにより作成します。事業計画には，その計画が示す内容別に「損益計画」と「資金計画・資本計画」とに分類できます。「損益計画」とは営業上の損益に関する事業計画であり，「資金計画・資本計画」とは運転資金や設備投資，資本政策に関する事業計画です。融資判断時に提出される事業計画は，年次の「損益計画」と「資金計画・資本計画」となります。

「損益計画」は，売上（販売）計画・原価計画・販売費計画・管理費計画・営業外損益計画・特別損益計画などから構成されます。営業外損益計画・特別損益計画などは個別の計画として，毎期，作成する必要があるわけではありません。中堅・中小企業の事業計画は，営業利益段階までの事業計画で十分な場合もあります。

Column

従業員が事業計画を目標とするために

　事業計画は企業の最終目標です。当然，全従業員の協力がなくては，事業計画の達成は不可能です。しかし，従業員から，「事業計画なんて，しょせん画に描いた餅で達成など不可能だ」，「事業計画を達成しても，給与は変わらないし，努力するだけ無駄だ」というような話を聞くこともあります。

　ここに大きくかかわる問題として，「事業計画作成のプロセス」と「業績評価の基準」という2点があります。

　まず，事業計画作成のプロセスですが，各部門がどの程度参加しているかが重要となります。事業計画の作成実務が経理部門を中心として行われている場合，他の部門は「事業計画の精度が低いから，未達でも仕方ない」，「勝手に経理が作った事業計画なんて関係ない」などと考えてしまうこともあります。各部門が，事業計画作成のプロセスに参加することによって，「自分たちが作った事業計画」と認識することがとても重要となります。

　作成プロセスに参加しても，必ずしも各部門の思いどおりの事業計画になるわけではありません。しかし，その理由が開示され，その結果，経営陣が経営判断で決めたものであれば，納得できるのではないでしょうか。いつの間にか，営業部が作成した売上計画と違う計画が提示されるのと，話し合われた結果，変更されたのでは，とらえ方は違うでしょう。たしかに各部門参加型の事業計画作成には時間がかかりますが，事業計画が従業員全員の目標となるためにも，できる限り多くの従業員が事業計画作成に参加すべきです。

　次に，業績評価ですが，事業計画が業績評価の基準となっていない場合があります。営業部などでは，売上が業績評価の基準となっていることがあります。当然，売上が業績評価の基準になっていれば，売上を確保するために値引きを行うかもしれません。その結果，事業計画で作成した売上は達成できても，利益は未達になってしまいます。営業部に関しては，売上とともに売上総利益（実績値ではなく，標準原価で計算したもの）および販売費用も業績評価の基準としなければいけません。

　事業計画を達成することにより評価を受け，報酬が上がるという流れになっていなければ，従業員は事業計画達成を目標とはしません。

　事業計画を達成するためには，計画の精度を上げることと同様に，従業員が事業計画達成を目標と思えるように企業の仕組みを変えることが重要です。

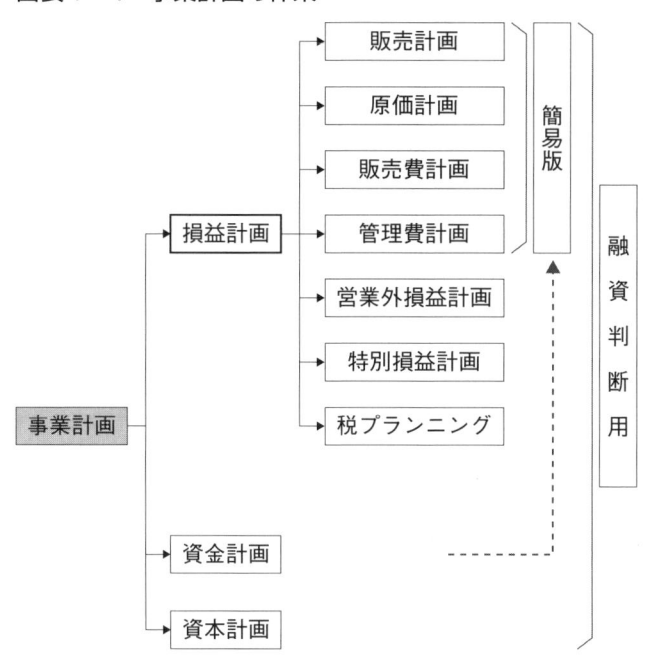

第4章●事業計画の確度を検証する

図表4-4　事業計画の体系

```
事業計画 ┬─ 損益計画 ┬→ 販売計画   ┐
         │          ├→ 原価計画   │ 簡易版  ┐
         │          ├→ 販売費計画  │        │
         │          ├→ 管理費計画  ┘        │ 融資判断用
         │          ├→ 営業外損益計画         │
         │          ├→ 特別損益計画           │
         │          └→ 税プランニング         ┘
         ├─ 資金計画
         └─ 資本計画
```

　製造業を例にとって営業利益段階までの事業計画の内容をあげると，売上（販売）計画・原価計画・販売費計画・管理費計画となります。

　しかし，融資判断では回収可能性を判断するため，キャッシュ・フローが重要視されます。キャッシュ・フローを計算するためには，「損益計画」も通常の営業利益までの計画に加えて，営業外損益，特別損益，さらに税務プランニングまでの計画まで必要になることもあります。「損益計画」で把握された収益力をもとに「資金計画・資本計画」を作成していきます。

❸事業計画は「どのように」作成するのか？

　事業計画の目標値は，前述したように以下の方法で求められます。

> 目標値 ＝ 正常収益力の把握（成り行き計画）＋ 戦略の影響額の算定

これに基づき，販売（売上高）計画，原価計画，販売費計画を作成します。

では，下記のようなケースを想定して事業計画の作成手順を追っていきましょう。

【事例】 Z社は融資をスムーズに受けるため，中期事業計画の作成を検討しています。融資の使途は，既存事業への再投資です。Z社の過去3期のP/Lは以下のとおりです。

図表4-5　過年度P/L実績　　　　　　　　　　　　　　　（千円）

	前々前期 第36期	前々期 第37期	前期 第38期	今期見込み 第39期
売上高	1,950,000	2,000,000	2,300,000	2,000,000
製造原価	1,680,750	1,710,000	1,916,500	1,733,250
材料費	825,750	845,000	971,500	848,250
労務費	600,000	605,000	645,000	610,000
製造経費	255,000	260,000	300,000	275,000
売上総利益	269,250	290,000	383,500	266,750
販売・管理費	220,000	230,000	250,000	235,000
営業利益	49,250	60,000	133,500	31,750
営業外利益	2,000	1,000	1,000	1,500
営業外損失	26,250	24,150	22,050	19,500
経常利益	25,000	36,850	112,450	13,750
特別利益	3,000	2,000	3,500	1,500
特別損失	2,000	1,500	1,000	1,000
税引前当期純利益	26,000	37,350	114,950	14,250
法人税等	10,400	14,940	45,980	5,700
当期純利益	15,600	22,410	68,970	8,550

(1) **目標値の設定**

　企業は，事業計画を作成する際に，まず目標値の設定を行います。目標値を設定するのに有用な科目は経常利益です。経常利益とは，企業の通常の事業活動において，直接的および間接的にかかわる損益を計算したものであり，財務力を含めたその企業トータルの実力を測ることが求められる事業計画では最も重要な指標のひとつになります。

　では，経常利益目標はどのように設定すべきでしょうか。経常利益目標の設定方法はさまざまです。一般的には，過年度の期間比較や対売上高比率によって求めます。しかし，金融機関に対する説明を目的とした場合，経常利益は借入金に対して一定額を保つ必要があるため，必要最小限の経常利益を確保しなければなりません。たとえば，簡易キャッシュ・フロー〔経常利益×（1－40%〈税率〉）＋減価償却費〕が借入金に対し10年以内の返済に収まる経常利益を目標値とします。

　では，事例により経常利益目標値を算出してみましょう。現在，Z社の借入金は660,000千円です。また，今回調達を考えている金額は200,000千円です。よって，来期の借入金は860,000千円となります。これに対し，10年返済とするための経常利益目標値は下記のとおりとなります。

① 借入金　　　　　　　　860,000千円
② 減価償却費（計画）　　　30,000千円
③ 必要キャッシュ・フロー　860,000千円÷10年＝86,000千円
④ 経常利益目標値　　（③－減価償却費）÷（1－40%）
　　（86,000千円－30,000千円）÷60%＝93,333千円

(2) **正常収益力の把握（⇒損益の成り行き予測の作成）**

　正常収益力を把握し，損益の成り行き予測を作成します。正常収益力の把握は，事業計画を作成するための土台となるものです。次のステップとなる戦略の影響額をどんなに正確に算出していても，土台となる正常収益力が間違っていては，事業計画の正確性は損なわれてしまいます。

ここのポイントとしては,特殊要因を取り除くことと,需要動向をきちんと把握することです。

> 正常収益力 ＝（過去実績 － 特殊要因）× 需要動向

では,事例によって正常収益力を把握してみましょう。正常収益力は売上高,製造原価,販売管理費,営業外損益に分解して把握する必要があります。

① 正常な売上高

正常な売上高とは,企業が特殊要因などの影響を受けなかったとしても得ることができる,ベースとなる売上高のことです。正常な売上高を把握することは,正常収益力の把握の中でも最も難しいステップとなります。正常な売上高をより正確に把握するためには,過年度実績および需要動向を製品別等の分類により分析することが求められます。事例にある過年度の実績は,Ｐ／Ｌの数値であり,製品別の売上高推移を把握することはできません。

製品別の正常な売上高を把握するためには,製品別の過年度売上高推移を把握する必要があります。Ｚ社の過年度製品別売上高推移は図表4－6のとおりです。

この推移から,特殊要因を取り除くことが正常収益力の把握の基礎となります。Ｚ社が調査した結果,取引先Ｙ社への特需という特殊要因により売上高の増減が起きていたことがわかりました。その結果,製品別の正常な売上高の推移は図表4－7のとおりとなります。

次に検討すべきは,今後の需要動向です。この検討も製品別に行います。需要動向の把握は,企業にとっても難しいテーマになります。

市場動向の根拠資料としては,業界団体が公表する数値などが適しています。また,ニッチな市場に属する企業で市場予測のない場合には,その企業の販売先の属する業界の市場動向で判断します。業界団体の公

第4章 ●事業計画の確度を検証する

図表4-6　製品別売上高推移

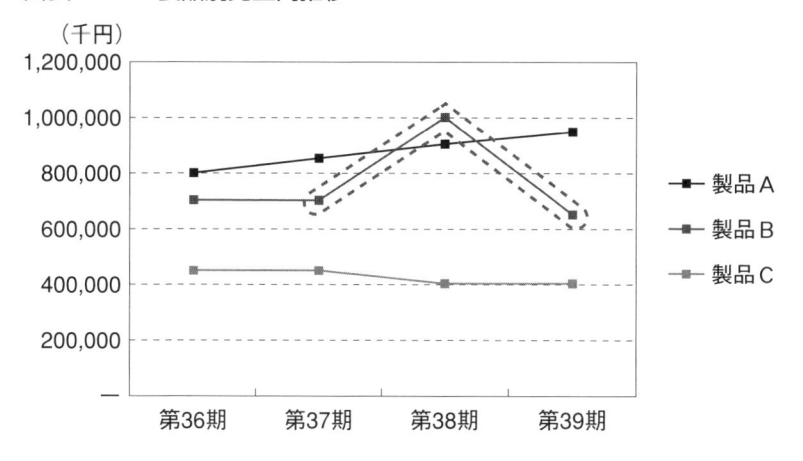

（千円）

	前々前期	前々期	前期	今期見込み
	第36期	第37期	第38期	第39期
売上高	1,950,000	2,000,000	2,300,000	2,000,000
製品A	800,000	850,000	900,000	950,000
製品B	700,000	700,000	1,000,000	650,000
製品C	450,000	450,000	400,000	400,000

製品Bは，取引先Y社への特需により，第38期に売上高が300,000千円増加している。その反動で，今期見込みの製品Bの売上高は正常売上高より50,000千円減少する。

　表資料に加えて，現場の担当者からの意見を集約するとさらに厚みのある情報となります。ただし，現場の担当者からの意見には，客観的なデータを多少でも付け加えておく必要があります。企業が市場予測をする際には，競合企業との関係も分析対象にする必要があります。競合企業のいない企業であれば，市場が拡大した分だけ企業の売上も増加するでしょう。競合企業に対して優位性がない企業では，市場が拡大しても，企業の売上が増加していくとは限りません。

図表4-7　製品別正常売上高推移

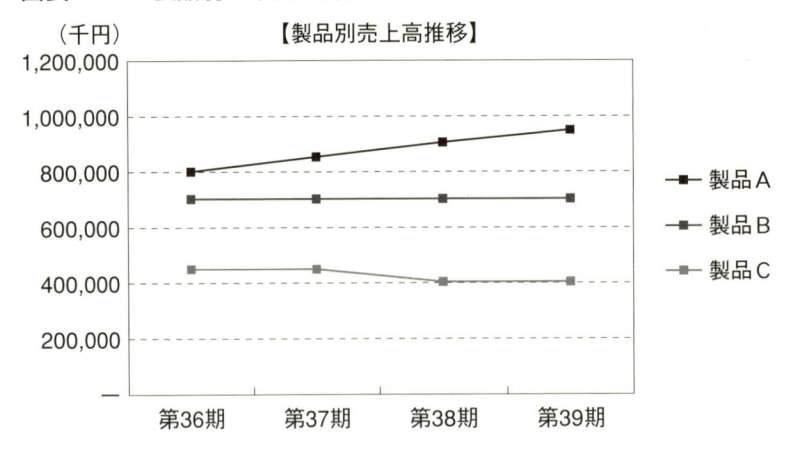

【製品別売上高推移】

(千円)

- 製品A
- 製品B
- 製品C

(千円)

		前々前期 第36期	前々期 第37期	前期 第38期	今期見込み 第39期
売上高		1,950,000	2,000,000	2,000,000	2,050,000
	製品A	800,000	850,000	900,000	950,000
	製品B	700,000	700,000	700,000	700,000
	製品C	450,000	450,000	400,000	400,000

→ 正常売上高のため，実績数値とは異なる。

　競合他社分析でよく使われるのが，競合他社と自社とを比較したSWOT分析です。SWOT分析とは，内部環境分析により自社の強み（Strength）と弱み（Weakness）を把握し，外部環境分析により，自社の機会（Opportunity）と脅威（Threat）を把握するものです。製品の性能だけでなく，営業力の差であったり，内部の管理体制であったり，外的環境からの影響の受け方など，総合的な比較になります。市場予測と同様，企業が客観的なデータを集めて，専門的な分析を行っていくことは困難であるかもしれませんが，現場の社員を集めて議論し，SWOTを作り上げるだけでも事業計画の客観性は増します。

図表4-8　製品別需要動向

製品別需要動向	
製品A…	製品Aの需要は，製品Aが利用されている最終製品の市場規模は上昇傾向であり，シェアも一定であることから，既存取引先からの受注は好調に推移すると考えられる。上昇率は直近4カ年の推移を維持すると考えられる。
製品B…	製品Bの需要は前期に取引先Y社からの特需はあったものの，この後は今期見込み程度に推移すると考えられる。
製品C…	製品Cの需要は，製品Cが利用されている最終製品の代替製品が台頭してきていることから，受注は低下していくと考えられる。下降率は直近4カ年の推移のままであると考えられる。

Z社が予測した製品別の需要動向は図表4-8のとおりです。

このようにして作成した製品別の正常な売上高と需要動向をもとに，製品別売上高の成り行き予測を作成します。Z社の製品別売上高の成り行き予測は図表4-9のとおりです。

以上が正常な売上高の把握になります。

② 製造原価の成り行き予測

製品別売上高の成り行き推移の作成が終わると，次に経費の成り行き推移を把握します。その中でも重要となるのが製造原価です。製造原価の内訳は以下のとおりとなります。

- 材料費
- 労務費
- 製造経費

それぞれの費目について，成り行き推移を作成します。まずは材料費です。材料費は一般的には変動費であり，生産高に比例する費用です。よって，通常は生産高に一定比率（材料費率）を積算して求められます。

図表4−9　製品別売上高の成り行き予測

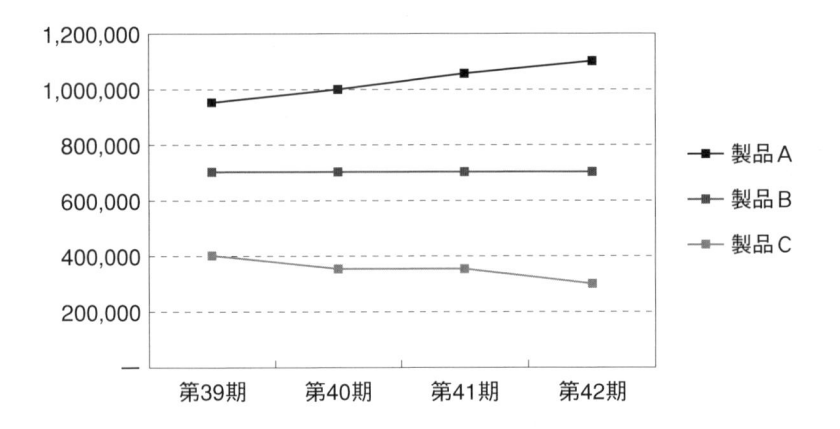

（千円）

		今期見込み	将来予測		
		第39期	第40期	第41期	第42期
売上高		2,000,000	2,050,000	2,100,000	2,100,000
	製品A	950,000	1,000,000	1,050,000	1,100,000
	製品B	650,000	700,000	700,000	700,000
	製品C	400,000	350,000	350,000	300,000

> 材料費 ＝ 生産高 × 材料費率

　しかし，材料費率が異なる製品を多く抱えている企業の場合，製品の生産構成（プロダクトミックス）が年度ごとに大きく変動すると総売上高に対する材料費率は一定ではなくなります。図表4−10がその例です。合計を見ると生産高の計画値は今期実績と変わっていないのに対し，材料費率は上昇しています。その原因は製品αと製品βの材料費率の相違と生産高シェアの変化にあります。製品αは製品βよりも，材料費率が10%高い製品です。材料費率の高い製品αの生産高シェアが翌期以降上昇することにより，合計の材料費率は上昇しているのです。

このように材料費率が異なる製品が混在している場合，各製品に対する材料費率と各製品の生産高成り行き推移から各製品の材料費成り行き推移を作成し，その積み重ねにより材料費の成り行き推移の合計を作成する必要があります。

　Z社は，各製品別の材料費率を過年度の実績より求めました。図表4－11がその結果です。算出にあたっては，売上高と生産高を同等とみなしています。この製品別材料費率は，成り行きベースとなります。

図表4－10　プロダクトミックスの変化がもたらす材料費率の影響度例

（単位：千円）

		実績		計画	
		前期	今期	来期	再来期
製品α	生産高	100	150	200	250
	生産高シェア	50%	50%	67%	83%
	材料費	50	75	100	125
	材料費率	50%	50%	50%	50%
製品β	生産高	100	150	100	50
	生産高シェア	50%	50%	33%	17%
	材料費	40	60	40	20
	材料費率	40%	40%	40%	40%
合計	生産高	200	300	300	300
	材料費	90	135	140	145
	材料費率	45%	45%	47%	48%

図表4－11　製品別材料費率（成り行き）

		前々前期	前々期	前期	今期見込み	平均
		第36期	第37期	第38期	第39期	直近4期
材料費率		42.3%	42.3%	42.2%	42.4%	－
	製品A	41.5%	42.0%	41.5%	42.0%	41.8%
	製品B	44.5%	44.0%	44.0%	44.5%	44.3%
	製品C	40.5%	40.0%	39.5%	40.0%	40.0%

図表4-12　材料費の成り行き予測

（単位：千円）

		前々前期	前々期	前　期	今期見込み	将来予測		
		第36期	第37期	第38期	第39期	第40期	第41期	第42期
売上高		1,950,000	2,000,000	2,300,000	2,000,000	2,050,000	2,100,000	2,100,000
	製品A	800,000	850,000	900,000	950,000	1,000,000	1,050,000	1,100,000
	製品B	700,000	700,000	1,000,000	650,000	700,000	700,000	700,000
	製品C	450,000	450,000	400,000	400,000	350,000	350,000	300,000
材料費		825,750	845,000	971,500	848,250	868,100	889,000	889,900
	製品A	332,000	357,000	373,500	399,000	418,000	438,900	459,800
	製品B	311,500	308,000	440,000	289,250	310,100	310,100	310,100
	製品C	182,250	180,000	158,000	160,000	140,000	140,000	120,000

※材料費＝売上高×平均材料費率

　このようにして算出された製品別の材料費率と売上高の成り行き予測を積算し，製品別の材料費成り行き予測を算出します。Z社の材料費成り行き予測は図表4-12のとおりです。

　以上が，材料費の成り行き予測の算出になります。

　次に，労務費の成り行き予測です。一般的に労務費には変動費と固定費が含まれています。たとえば，工場長の給与は固定費であるのに対し，パートの工員の給与は稼働時間によって変動し，稼働時間は製造高（量）に比例して変動するため変動費であるといえます（固変分解については，第3章を参照してください）。したがって，労務費の成り行き推移を把握するためには，固定費と変動費に分解して検討する必要があります。

　Z社の場合，固定費にあたる労務費と変動費にあたる労務費は図表4-13のように分解されました。変動費は稼働時間によって変動します。

　まずは，固定労務費についての成り行き予測の検討です。固定労務費については，基本的に前期同等額での推移となります。注意すべき点は以下の2点です。

- 従業員数の自然増減
- 昇　給

図表4-13　労務費の固変分解
（単位：千円）

		前々前期	前々期	前期	今期見込み
		第36期	第37期	第38期	第39期
労務費		600,000	605,000	645,000	610,000
	固定費	270,000	270,000	280,000	275,000
	変動費	330,000	335,000	365,000	335,000

図表4-14　固定労務費の成り行き予測
（単位：千円）

		前期	今期見込み	将来予測		
		第38期	第39期	第40期	第41期	第42期
労務費		645,000	610,000			
	固定費	280,000	275,000	275,000	280,000	285,000
	変動費	365,000	335,000			

　Z社が労務費のうち，固定労務費の検証をしたところ，図表4－14のように推移すると予測できました。

　次に変動労務費についての成り行き予測の検討です。稼働時間による変動であるので，変動費の検討をするにあたっては，製品別の売上高推移予測より稼働時間を算出できる管理体制にあることがベストです。しかし，そのような管理を徹底できている中堅・中小企業は，少ないと言えるでしょう。そのような場合には，売上高合計に対する変動比率を求めることが有用です。一方で，製品によって1製品あたりの稼働時間が大きく異なる場合には，製品別の1製品あたりの稼働時間を管理しておく必要があります。

　Z社の場合，製品別の1製品あたりの稼働時間の管理までは行っていないため，簡易的に売上高合計に対する変動費の比率（変動費率）を求めました。その結果は図表4－15のとおりです。

　このようにして求められた変動費率と売上高の成り行き予測を積算し，変動労務費の成り行き予測を算出します。Z社の変動労務費の成り

図表4-15 変動労務費の変動費率　　　　　　　　　　（単位：千円）

	前々前期	前々期	前　期	今期見込み	平　均
	第36期	第37期	第38期	第39期	直近4期
売　上　高	1,950,000	2,000,000	2,300,000	2,000,000	
変動労務費	330,000	335,000	365,000	335,000	
変動費率	16.9%	16.8%	15.9%	16.8%	16.5%

図表4-16 変動労務費の成り行き予測　　　　　　　（単位：千円）

		前　期	今期見込み	将来予測		
		第38期	第39期	第40期	第41期	第42期
売上高		2,300,000	2,000,000	2,050,000	2,100,000	2,100,000
労務費		645,000	610,000			
	固定費	280,000	275,000			
	変動費	365,000	335,000	338,250	346,500	346,500

※変動労務費＝売上高×平均変動費率

図表4-17 労務費の成り行き予測　　　　　　　　　（単位：千円）

		前　期	今期見込み	将来予測		
		第38期	第39期	第40期	第41期	第42期
労務費		645,000	610,000	613,250	626,500	631,500
	固定費	280,000	275,000	275,000	280,000	285,000
	変動費	365,000	335,000	338,250	346,500	346,500

行き予測は図表4-16のとおりです。

　最後に固定労務費と変動労務費それぞれの成り行き予測を合計し，労務費の成り行き予測を算出します。Ｚ社の労務費の成り行き予測は図表4-17のとおりです。

　以上が，労務費の成り行き予測の算出になります。

　次に，製造経費の成り行き予測の算出です。製造経費にはさまざまな費用科目が含まれています。よって，製造経費についても固定費と変動費に分解して検討する必要があります。Ｚ社は製造経費のうち，変動費にあたる費用科目と固定費にあたる費用科目とに分類しました。図表

図表4-18　製造経費の固変分解

(単位：千円)

	前々前期	前々期	前期	今期見込み
	第36期	第37期	第38期	第39期
製造経費	255,000	260,000	300,000	275,000
固定製造経費	200,000	200,000	210,000	210,000
（うち，減価償却費）	(20,000)	(19,000)	(21,000)	(18,000)
変動製造経費	55,000	60,000	90,000	65,000

※固定製造経費に含まれる科目
　地代家賃，賃借料，保険料，修繕費，減価償却費　等
※変動製造経費に含まれる科目
　物流費，水道光熱費，外注加工費　等

図表4-19　固定製造経費の成り行き予測

(単位：千円)

	前　期	今期見込み	将来予測		
	第38期	第39期	第40期	第41期	第42期
製造経費	300,000	275,000			
固定製造経費	210,000	210,000	210,000	210,000	210,000
（うち，減価償却費）	(21,000)	(18,000)	(20,000)	(20,000)	(20,000)
変動製造経費	90,000	65,000			

4-18がその内容です。この分類に基づき，製造経費の成り行き予測を算出します。

まずは，固定製造経費についての成り行き予測の検討です。固定製造経費についての成り行き予測方法は，費用科目によって異なるため，自然に変動が見込まれる費用科目についてのみ調整を行い，その他の費用科目は前期同等額での推移とします。Ｚ社は減価償却費のみを調整し，その他の費用科目は前期同等額としました。その結果は図表4-19のとおりです。

次に，変動製造経費についての成り行き予測の検討です。変動製造費についても，変動費率は費用科目によって異なると考えられます。また，ある製品の売上高のみにかかる変動費も存在する可能性もあります。本

図表4-20 変動製造経費の変動費率

（単位：千円）

	前々前期 第36期	前々期 第37期	前期 第38期	今期見込み 第39期	平均 直近4期
売上高	1,950,000	2,000,000	2,300,000	2,000,000	
変動製造経費	55,000	60,000	90,000	65,000	
変動費率	2.8%	3.0%	3.9%	3.3%	3.3%

図表4-21 変動製造経費の成り行き予測

（単位：千円）

	前期 第38期	今期見込み 第39期	将来予測		
			第40期	第41期	第42期
売上高	2,300,000	2,000,000	2,050,000	2,100,000	2,100,000
製造経費	300,000	275,000			
固定製造経費	210,000	210,000			
変動製造経費	90,000	65,000	67,650	69,300	69,300

※変動製造経費＝売上高×平均変動費率

図表4-22 製造経費の成り行き予測

（単位：千円）

	前期 第38期	今期見込み 第39期	将来予測		
			第40期	第41期	第42期
製造経費	300,000	275,000	277,650	279,300	279,300
固定製造経費	210,000	210,000	210,000	210,000	210,000
（うち，減価償却費）	(21,000)	(18,000)	(20,000)	(20,000)	(20,000)
変動製造経費	90,000	65,000	67,650	69,300	69,300

来であれば，費用科目別に何に変動するのか，どの程度の変動費率であるのかを算出できる管理体制にあることがベストです。しかし，そのような管理までを徹底できている中堅・中小企業は，少ないと言えるでしょう。そのような場合には，売上高合計に対する変動費率を求めることが有用です。

　Ｚ社の場合，費用科目別の変動費率の管理までは行っていないため，簡易的に売上高合計に対する変動費合計の変動費率を求めました。その結果は図表4-20のとおりです。

　変動費率を求めたならば，後は材料費や変動労務費と同様です。変動

費と売上高の成り行き予測を積算し、変動製造経費の成り行き予測を算出します（図表4－21）。

最後に固定製造経費と変動製造経費それぞれの成り行き予測を合計し、製造経費の成り行き予測を算出します（図表4－22）。

以上が、製造経費の成り行き予測の算出になります。

③　販売・管理費の成り行き予測

販売・管理費は販売費と一般管理費に分けられます。企業が販売管理費の成り行き予測を検討するにあたっては、この2つに分けて検討したほうが精度は高くなります。

販売費は営業部門の人件費、広告宣伝費等を定めたもので、売上にも影響を及ぼす重要な費用科目です。一般管理費は本社の賃料や保険代、管理部門の人件費等が含まれます。このような費用科目についても、成り行き予測を行うにあたっては製造原価同様に固変分解を行い、固定販売・管理費については費用科目別の検討、変動販売・管理費については

図表4－23　販売・管理費の固変分解

（単位：千円）

		前々前期 第36期	前々期 第37期	前期 第38期	今期見込み 第39期
販売・管理費		220,000	230,000	250,000	235,000
	販売費	50,000	54,500	65,000	60,000
	固定費	40,000	44,000	50,000	49,000
	変動費	10,000	10,500	15,000	11,000
	管理費	170,000	175,500	185,000	175,000
	固定費	170,000	175,500	185,000	175,000
	（うち、減価償却費）	(10,000)	(10,000)	(10,000)	(10,000)

※販売費に含まれる科目

　固定費（広告宣伝費　等）

　変動費（販売手数料、運送費　等）

※管理費に含まれる科目

　固定費（給料、減価償却費、租税公課、会議費、事務消耗品費　等）

売上高の成り行き予測に合わせていくことが求められます。

Z社は図表4-23のように固変分解を行いました。

固変分解を行った後，固定販売・管理費および変動販売・管理費それ

図表4-24　固定販売・管理費の成り行き予測

（単位：千円）

	前期	今期見込み	将来予測		
	第38期	第39期	第40期	第41期	第42期
販売・管理費	250,000	235,000			
販売費	65,000	60,000			
固定費	50,000	49,000	50,000	50,000	50,000
変動費	15,000	11,000			
管理費	185,000	175,000	170,000	170,000	170,000
固定費	185,000	175,000	170,000	170,000	170,000
（うち，減価償却費）	(10,000)	(10,000)	(10,000)	(10,000)	(10,000)

図表4-25　変動販売・管理費の変動費率

（単位：千円）

	前々前期	前々期	前期	今期見込み	平均
	第36期	第37期	第38期	第39期	直近4期
売上高	1,950,000	2,000,000	2,300,000	2,000,000	
変動販売・管理費	10,000	10,500	15,000	11,000	
変動費率	0.5%	0.5%	0.7%	0.6%	0.6%

図表4-26　変動販売・管理費の成り行き予測

（単位：千円）

	前期	今期見込み	将来予測		
	第38期	第39期	第40期	第41期	第42期
売上高	2,300,000	2,000,000	2,050,000	2,100,000	2,100,000
販売・管理費	250,000	235,000			
販売費	65,000	60,000			
固定費	50,000	49,000			
変動費	15,000	11,000	12,300	12,600	12,600
管理費	185,000	175,000			
固定費	185,000	175,000			
（うち，減価償却費）	(10,000)	(10,000)			

※変動販売・管理費＝売上高×平均変動費率

図表4-27　販売・管理費の成り行き予測　　　　　　　　　　　（単位：千円）

	前　期	今期見込み	将来予測		
	第38期	第39期	第40期	第41期	第42期
販売・管理費	250,000	235,000	232,300	232,600	232,600
販　売　費	65,000	60,000	62,300	62,600	62,600
固定費	50,000	49,000	50,000	50,000	50,000
変動費	15,000	11,000	12,300	12,600	12,600
管　理　費	185,000	175,000	170,000	170,000	170,000
固定費	185,000	175,000	170,000	170,000	170,000
（うち，減価償却費）	(10,000)	(10,000)	(10,000)	(10,000)	(10,000)

ぞれについての成り行き予測を算出しました（図表4-24～図表4-26）。その方法は製造経費と同様です。

最後に，固定販売・管理費および変動販売・管理費の成り行き予測の合計を行います（図表4-27）。

以上が，販売・管理費の成り行き予測となります。

④　営業外損益

営業外損益は，受取・支払利息や有価証券売却損益等が含まれます。企業が営業外損益計画を作成する際に注意すべきポイントとして，支払利息が上げられます。製造業などの装置産業においては，借入金に対する支払利息は支出項目の中で比較的大きな割合を占めています。利率が上昇基調にあるような場合は，保守的な利率を用いて事業計画を作成しておくことが適切でしょう。

Z社は営業外損益の成り行き予測について，支払利息のみを考慮することとしました。よって，現状の借入金650,000千円に調達を予定している200,000千円を加えた850,000千円から支払利息を求めます。新規調達分の200,000千円についての返済額は未定であるため，仮に現状のピッチで借入金を返済していった場合の推移としています。利率は現状どおりの3％としています。その結果は，図表4-28のとおりです。

図表4-28 営業外損益の成り行き予測　　　　　　　　　　（単位：千円）

	前期	今期見込み	将来予測		
	第38期	第39期	第40期	第41期	第42期
支払利息	22,050	19,500	22,950	20,400	17,850
借入金残高	735,000	650,000	765,000	680,000	595,000
利息率	3%	3%	3%	3%	3%

図表4-29 損益の成り行き予測　　　　　　　　　　　　（単位：千円）

	前期	今期見込み	将来予測		
	第38期	第39期	第40期	第41期	第42期
売上高	2,300,000	2,000,000	2,050,000	2,100,000	2,100,000
製造原価	1,916,500	1,733,250	1,759,000	1,794,800	1,800,700
材料費	971,500	848,250	868,100	889,000	889,900
労務費	645,000	610,000	613,250	626,500	631,500
製造経費	300,000	275,000	277,650	279,300	279,300
売上総利益	383,500	266,750	291,000	305,200	299,300
販売・管理費	250,000	235,000	232,300	232,600	232,600
営業利益	133,500	31,750	58,700	72,600	66,700
営業外利益	1,000	1,500	－	－	－
営業外損失	22,050	19,500	22,950	20,400	17,850
経常利益	112,450	13,750	35,750	52,200	48,850
特別利益	3,500	1,500	－	－	－
特別損失	1,000	1,000	－	－	－
税引前当期純利益	114,950	14,250	35,750	52,200	48,850
法人税等	45,980	5,700	14,300	20,880	19,540
当期純利益	68,970	8,550	21,450	31,320	29,310

①経常利益目標値　91,667千円
②経常利益　35,750千円
③経常利益不足額（①－②）
　91,667千円－35,750千円
　＝55,917千円

以上が，営業外損益の成り行き予測となります。

このようにして，売上高，製造経費，販売・管理費，営業外損益の成り行き予測を正常収益力から算出し，損益の成り行き予測が完成します（図表4－29）。

(3) **戦略の影響額の算定**

目標値の設定で求めた経常利益目標と，損益の成り行き予測で求めた経常利益予測の差額が現状の不足額になります。

目標値（91,667千円）－損益の成り行き予測（35,750千円）＝不足額

今回の事例による差額は，55,917千円です。

そこで，この不足額を埋めるために，戦略の影響額を加味していきます。

戦略の影響額は，達成確度と効果額から計算されます。達成確度の検証は，非常に難しいものです。融資判断時に提出される事業計画では，達成確度がわかりにくい戦略を保守的に見積もってもらう必要があります。ときには，社内用と別の事業計画を作成してもらう必要もあります。

事業計画作成にあたってZ社が最初に検討した対策案は，下記内容です。

> ● Y社との製品Aに関する新規取引

成り行き予測では，製品Aについて新規先の獲得を見込んでいませんでしたが，製品Bの既存顧客であるY社が新規事業取組みのため，X社と製品Aについて取引を開始したいとの打診がありました。そこで，製品AをY社へ供給することとしたのです。

この対策案のみで不足分を補うためには，来期のY社に対する製品Aの売上高が147,929千円〔55,917千円（不足額）÷37.8％（利益率）〕必要となります。これは製品Aの限界利益より求められます（限界利益については，第3章参照）。しかし，Z社による見込みでは，来期確実なY

図表4-30　不足額の算出計算　　　　　　　（単位：千円）

	変動費率	製品A		
		理　想	見込み	差　額
売上高		147,929	120,000	27,929
製造原価	61.6%	91,124	73,920	17,204
材料費	41.8%	61,834	50,160	11,674
労務費	16.5%	24,408	19,800	4,608
製造経費	3.3%	4,882	3,960	922
売上総利益		56,805	46,080	10,725
販売・管理費	0.6%	888	720	168
営業利益		55,917	45,360	10,557
営業外利益				―
営業外損失				―
経常利益		55,917	45,360	10,557

※製品Aの利益率　約37.8%

社に対する製品Aの売上高は120,000千円でした。また，Y社に対する売上高は当分の間，この程度の売上高を維持することが見込まれています。よって，来期の経常利益不足額は未だ10,557千円残ります。不足額の算出方法は図表4-30のとおりです。

次にZ社はコスト削減についての検討を行いました。その結果，以下のコスト削減を実施することとしました。

> ● 製造過程における材料ロス率削減による製品Bの材料費率削減

Z社が行った工場の製造工程の調査により，製品Bの製造工程の管理不徹底によって材料のロスが発生していることが判明しました。Z社の調査により，この改善によって，製品Bの材料費率は2％削減できると判明しました。しかし，製造工程の管理をしっかり行えるようになるには相当の企業努力が必要となるため，達成確度は80％であるとし，計画値には1.6％のみを反映させることとしました。よって，この対策の効

第4章●事業計画の確度を検証する

図表4-31　材料費率改善による効果額

（単位：千円）

	前々前期	前々期	前期	今期見込み	将来予測		
	第36期	第37期	第38期	第39期	第40期	第41期	第42期
製品B							
成り行き	311,500	308,000	440,000	289,250	310,100	310,100	310,100
改善後	311,500	308,000	440,000	289,250	298,900	298,900	298,900
差　額	—	—	—	—	11,200	11,200	11,200

	前々前期	前々期	前期	今期見込み	平　均	改善後
	第36期	第37期	第38期	第39期	直近4期	
材料費率	42.3%	42.3%	42.2%	42.4%		
製品A	41.5%	42.0%	41.5%	42.0%	41.8%	41.8%
製品B	44.5%	44.0%	44.0%	44.5%	44.3%	42.7%
製品C	40.5%	40.0%	39.5%	40.0%	40.0%	40.0%

➡ 改善効果1.6%

果額は図表4-31のとおりとなります。

　この結果により，2つの対策，すなわち，
- Y社との製品Aに関する新規取引
- 製造過程における材料ロス率削減による製品Bの材料費率削減

の実施によって，経常利益目標値の達成は可能とZ社は判断し，事業計画を仕上げました。その結果は図表4-32のとおりです。

　以上が，事業計画の作成になります。企業によって作成方法はさまざまですが，事例にあったZ社程度の水準で作成された事業計画であるならば，融資判断に用いることはできるでしょう。一方で，もし，融資先企業より提出された事業計画がZ社の水準を下回るようなものであったならば，せめてZ社程度の水準まで算出するように求める必要があります。

　では，次に作成方法を踏まえて，提出された事業計画の検証方法を考えます。

図表4-32　事業計画　　　　　　　　　　　　　　　　（単位：千円）

	前期	今期見込み	将来予測		
	第38期	第39期	第40期	第41期	第42期
売上高	2,300,000	2,000,000	2,170,000	2,220,000	2,220,000
製造原価	1,916,500	1,733,250	1,821,720	1,857,520	1,863,420
材料費	971,500	848,250	907,060	927,960	928,860
労務費	645,000	610,000	633,050	646,300	651,300
製造経費	300,000	275,000	281,610	283,260	283,260
売上総利益	383,500	266,750	348,280	362,480	356,580
販売・管理費	250,000	235,000	233,020	233,320	233,320
営業利益	133,500	31,750	115,260	129,160	123,260
営業外利益	1,000	1,500	—	—	—
営業外損失	22,050	19,500	22,950	20,400	17,850
経常利益	112,450	13,750	92,310	108,760	105,410
特別利益	3,500	1,500	—	—	—
特別損失	1,000	1,000	—	—	—
税引前当期純利益	114,950	14,250	92,310	108,760	105,410
法人税等	45,980	5,700	36,924	43,504	42,164
当期純利益	68,970	8,550	55,386	65,256	63,246

①経常利益目標値　91,667千円
②経常利益　92,310千円
③簡易キャッシュ・フロー
　〔経常利益×（1－0.4）＋減価償却費〕
　＝92,310千円×0.6＋30,000千円
　＝85,386千円
④借入金÷10年
　＝（650,000千円＋200,000千円）÷10
　＝85,000千円

❹事業計画の検証方法

　事業計画の検証は，計画作成のステップに則って行うべきでしょう。検証のポイントは以下の2点となります。

> ● 正確な正常収益力をベースに作成されているか
> ● 戦略の影響額は根拠ある算出となっているか

第4章 ● 事業計画の確度を検証する

　まずは,「正常収益力をベースに作成されているか」の検証です。融資先の作成した損益の成り行き予測について,いかに効率よく検証を行うかがポイントになります。

　注目すべきは売上高の成り行き予測についての検証です。売上高についての検証ポイントは,以下の2点です。

> - 製品別・事業所別のような分類を行っているか
> - 需要動向の把握をどのように行っているか

　融資先が売上高の正常力を把握するにあたり,どの程度の過年度分析を行ったのかを検証する必要があります。過年度分析を行うにあたって,製品別・事業所別のような分類を行っているのか,それとも売上高全体で把握しているのか,どのような分析を行っているかを知るだけでも,事業計画に対する信頼度は変わってきます。なぜならば,売上高の分析がくわしければ,経費分析についてもそれ相応に行っている可能性が高いからです。

　どのような分析を行っているかを把握したならば,次に需要動向の把握をどのように行っているのかを検証する必要があります。単純に自社トレンドからの作成であるのか,市場動向・競合動向までを含めて検討しているのか,把握する必要があるのです。もし,自社トレンドのみからの作成になっているのであれば,融資担当者自らが市場動向についての概要を調べ,融資先へ助言する必要も出てくるでしょう。このようにして,まずは売上高の成り行き予測についての検証を行います。

　次に,製造原価の成り行き予測についての検証です。製造原価についての検証ポイントは,以下の2点です。

> - 固変分解を行っているか
> - 製品別・事業所別のような分類を行っているか

製造原価の内容は複雑ではありますが，成り行き予測を行うためには，何らかの基準で固変分解を行い，売上高予測に合わせていく方法によりその複雑性はある程度解消されます。もし，固変分解を行っていない場合，製造原価の成り行き予測は売上高の成り行き予測と整合性が取れなくなっている可能性があります。また，固変分解を行う際に，製品別分類とコストを結びつけることにより，さらに詳細な成り行き予測が可能となります。これは，製品別の限界利益を把握しておくためにも重要なことです。もし，融資先企業が製品別の限界利益を把握していないのであれば，材料費だけでも製品と結びつけて管理するようにアドバイスすべきでしょう。

次に，販売・管理費の成り行き予測についての検証です。販売・管理費の検証ポイントは次のとおりです。

> - 販売費・一般管理費の区別はできているか
> - 固変分解を行っているか

販売・管理費にはさまざまな費用科目が含まれているため，まずは費用科目の内容を融資先企業がしっかりと整理できているのかを検証します。そのうえで，固変分解がどのようになされているかを検証します。融資先企業が販売・管理費を販売費と一般管理費に区別できているのであれば，固変分解についての基準もしっかりしたものである可能性が高いのです。もし，融資先企業が販売・管理費をすべて固定費もしくは変動費として成り行き予測を行っているのであれば，費用科目の特性により固変分解することをアドバイスしたほうがよいでしょう。

最後に，営業外損益の成り行き予測についての検証です。営業外損益については，まず支払利息の成り行き予測について検証を行います。支払利息の成り行き予測についての検証ポイントは以下の2点です。

> - 利息計算に用いられている借入金の金額は正しいものであるか
> - 利率は保守的に見積もられているか

　利息計算に用いられている借入金の金額は，予定している資金調達を含めた金額である必要があります。なぜなら，目標値との差額を適正に算出するためです。また，利率についても保守的に見積もる必要があります。

　以上が，「正常収益力をベースに作成されているか」の検証になります。さらに言えば，融資判断にあたって明確な「正常」の基準を持っていれば一見して事業計画に違和感を持つことは可能です。具体的には，対象となる企業の過去数年間の財務状況や経営状況をしっかりと把握し，かつ企業の属する業界についての知識を持っていなければなりません。市場の細かな分析を行う必要まではありませんが，業界ごとの常識程度は知っておく必要はあるでしょう。それらの基準を持って事業計画を見ることにより，はじめて特殊要因に対して違和感を持てるようになります。

　続いて，「戦略の影響額は根拠ある算出となっているか」の検証を行います。戦略の影響額の算出が根拠あるものであるかを検証する際のポイントは以下の2点です。

> - 対策の実施にあたっての難易度，確度はどの程度であるか
> - 影響額の算定に誤りがないか

　まず，融資先企業より対策が提出されたならば，その提出された対策の実施可能性について検証する必要があります。ひとことで対策といっても，取引先との交渉により実行が確実視される対策から，今後，社内努力によって実施する対策までレベルはさまざまです。よって，対策の実施可能性を検証するにあたっては，その根拠となる資料の確認まで融

資担当者は行うべきでしょう。先ほどのＺ社の製品Ａの例でいえば，新規取引先となるＹ社から送られてきた説明資料や依頼書，見積書などが有効です。

次に影響額の算定に誤りがないかの検証です。この検証を外部から行うことは非常に難しくなります。融資先企業とのコミュニケーションの中で確かめていく方法が最も正確でしょう。現場視察により確認できるのであれば，工場などへの視察も有効です。

以上が事業計画の検証方法となります。事業計画の検証にあたっては，融資先企業とのコミュニケーションが非常に重要となります。必要な資料を入手し，修正すべき内容については伝え，修正後の事業計画を作成してもらうには，融資先企業との綿密なコミュニケーションは欠かせません。

5 事業計画の管理

以上，事業計画の作成手順を見てきましたが，事業計画は作成したら終わりではありません。企業は事業計画を数値化（Plan－作成）し，通常の営業（Do－実行）に対する評価（Check－管理）の基準を提供し，その評価をフィードバックし次の行動（Action）につなげていく一連のPDCAサイクルを実現するツールを得たことになります。しかし，中堅・中小企業では，しっかりした事業計画を立てていても，それに対する管理を行っていないため，形骸化してしまっているケースが多く見受けられます。

企業が事業計画を運営していく際には，適切な事業計画を作成することも当然重要となりますが，最も重要なことは事業計画と実績を管理し，次の行動につなげていくことです。事業計画の作成は，いわばゴールを定めることであり，ポイントポイントで定めたゴールに向かっているか

を確認しなければ，途中で別の方向へ進んでしまっていても気づくことができません。事業計画を期中に何度も見直すことはコストもかかり困難です。しかし，たとえば，事業開始から3カ月後に計画未達の状況がわかれば，早期に問題点の発見・対処が可能になります。発見のタイミングが遅くなれば，致命傷にもなりかねません。事業計画を利用して，より戦略的な行動を企業ができるようになるには，適切な事業計画を作成したうえで，企業自ら管理をしっかりと行うことが重要です。

次に，期間です。事業計画の作成手順では年次の事業計画を作成していますが，管理をするうえでは，月次の事業計画が必要となります。基本的には，年次の事業計画を月次に按分していきます。年次の計画数値を12カ月で割り，季節変動を加味します。

次に，管理する項目を絞りこみます。中堅・中小企業では人数も限られるため，費用対効果を考えて管理する項目を絞りこむ必要があります。企業が行っている事業特性から注視すべき科目，指標を理解していることが求められます。たとえば製造業であれば主力製品売上高，材料費率，労務費率などです。このような注視すべき科目，指標について，必ず事業計画と実績との差異をチェックする必要があります。

最後に差異分析となります。企業にとって重要なことは，計画と実績の差異ではなく，差異が生じた原因です。この差異分析をどの程度詳しく行えているかが重要です。材料費が上がったという差異が出た場合に，どの製品のどの材料が増えたのかを確認し，次に数量が増えたのか単価が上がったのかを確認します。また，利益に対してプラスであった場合の分析をきちんと行えているかも重要です。プラス要因の分析が今後の戦略につながります。融資判断にあたっても，企業が事業計画に対してどの程度の実績管理を行っているかをチェックすることが重要です。

6 事業計画の単位

　ここまで事業計画について見てきましたが，あくまでも一つの企業を単位としてきました。事業計画は企業単位で作ればよいのでしょうか？企業の規模にもよりますが，事業部制を採用している企業であれば，事業部ごとに事業計画を作成すべきです。事業部制になっていない企業でも，異なる事業を行っている場合は，事業別に事業計画を作成すべきでしょう。なぜ，事業別に手間のかかる作業をやらなければいけないかと言いますと，数字が合算になってしまうことにより，各事業の数値が目標とならなかったり，問題点の発見ができなかったりするからです。大きな異常値であれば，企業全体の事業計画でも把握できます。しかし，大きな異常値が発生する前に小さな兆候を捉え，対策を実行することが事業計画を作成し，管理する目的です。

　たとえば，本業と別に不動産賃貸業をやっている企業があります。本業は赤字ですが，不動産賃貸業の黒字で，企業全体では黒字となっています。このような企業では，社員が「企業全体で黒字であるから，大丈夫だろう」という考え方になってしまい，危機感が醸成されず，本業の建て直しの時期を逸してしまう可能性もあります。

　融資先が複数の事業を営んでいる場合，融資担当者は事業部別に事業計画を作成するよう求めたほうが良いでしょう。たとえば，ある特定の事業に対しての設備投資資金を融資する場合，その特定の事業単位で利益が確保できているかの確認をしなければなりません。もし赤字事業に対し，その事業では返済できない金額の融資を行ってしまうと，他の事業が返済負担を負うこととなります。ケースにもよりますが，このような融資は控えるべきでしょう。

　融資判断にあたって，事業部別の事業計画を検証する際に気をつけなければいけないのが共通費の割り振りです。経理部門や管理部門の経費

はどの事業部にも直接には属さない経費になります。こういった共通費は，事業部へ一定基準により按分されている場合がほとんどですが，特定の事業部を黒字にするために恣意的に配賦されている場合があります。そのような場合には，融資先企業がどのような経費を共通とし，どのような基準で事業部に配賦させているかを確認し，適切な配賦基準であるかの判断を行う必要があります。

EXERCISE
練習問題

【問題】

融資先企業のA社が事業計画作成の準備として、自社の正常収益力を測ろうとしています。

(1) A社の過年度の売上実績および外部環境から考え、A社の正常な売上高を求めなさい。

練習問題資料(1)-①　A社：過年度売上高推移

	前々々前期	前々前期	前 期	前　期
製品 a	500	500	500	700
製品 b	800	500	500	600
製品 c	400	400	800	820
合計	1,700	1,400	1,800	2,120

練習問題資料(1)-②　外部環境

製品 a	前期に製品Aの主要販売先であるX社が開発中の製品への製品aの試用を行ったため、一時的に売上高は上昇した。しかし、商品化は延期され、未だ定期的な受注は受けていない。
製品 b	前々前期に製品Bの主要取引先であったY社が倒産している。そのほか、製品Bの取引先に特段の変化はないが、前期には市況が好調であったことにより売上高が上昇した。この好市況は当分続くと考えられる。
製品 c	前々期に製品Cの取引先としてZ社が新規に増えた。現在、Z社との取引は非常に重要なものであり、今後も継続的な取引が続いていく見込みである。

(2) A社は正常な売上高から将来の売上高計画を次のように作成しました。この売上高計画より，材料費率の過年度平均及び今後の予測を参考に材料費計画を作成しなさい。

練習問題資料(2)-① A社：売上高計画

	今期見込み	次　期	次々期	次々次期
製品 a	500	500	500	500
製品 b	600	610	620	630
製品 c	840	850	850	860
合計	1,940	1,960	1,970	1,990

練習問題資料(2)-② A社：材料費率

	過年度平均	今後の予測
製品 a	42%	40%
製品 b	40%	40%
製品 c	44%	45%

解　答

(1) 正常な売上高は下記のとおりである。

練習問題資料(1)-解答　正常な売上高

	前々々前期	前々前期	前々期	前　期	正常な売上高
製品 a	500	500	500	700	500
製品 b	800	500	500	600	600
製品 c	400	400	800	820	820
合計	1,700	1,400	1,800	2,120	1,920

- 製品 a の前期の売上高には，X社の新規製品開発のための受注という特殊要因が含まれており，正常な売上高ではない。
- 製品 b の前々前期以降の売上高は，特段の変動なく推移しており，さらに今後しばらくは好市況であると考えられる。
- 製品 c の前々期以降の売上高には，Z社への売上が含まれている。今後もZ社への販売は継続するものであり，Z社への売上は特殊要因で

はない。

(2) 材料費の推移は下記のとおりである。

練習問題資料(2)－解答　材料費の推移

	今期見込み	次　期	次々期	次々次期
製品 a	200	200	200	200
製品 b	240	244	248	252
製品 c	378	383	383	387
合計	818	827	831	839

製品別の売上高計画に材料費率の今後の予測を積算したものである。

（中沢道久・大野義行）

第5章

設備投資計画を検証する

　企業の設備投資は融資推進の大きなチャンスですが，多くの場合，設備資金は多額となるためその判断には慎重を期す必要があります。

　そこで，第5章では，前半で「限界利益」「埋没原価」などの管理会計の考え方を活用して，設備資金融資のポイントを学習します。

　後半では管理会計における設備投資の評価手法を解説します。具体的には「回収期間法」「投資利益率法」などの手法により投資の安全性，効率性を評価し，設備投資計画を検証します。

　設備投資の失敗は会社の業績悪化につながります。後半部分までマスターすれば，設備投資計画の検証を行ったうえで，客観的なアドバイスができるようになり，融資先企業との長期的な信頼関係を構築できるようになるでしょう。

1 融資推進のチャンスと貸し倒れリスク

　企業が存続していくためには設備投資が不可欠です。一般的に，設備投資資金は多額になることが多いため，自己資本だけでは賄うことができず，企業は借入金により設備投資資金を調達するケースが多くなります。そのため，金融機関にとっては融資の大きな機会となりますが，多額の融資となることからその判断に慎重を期す必要があります。

　設備投資は企業の将来の収益構造を決定します。設備投資を行った場合，減価償却費や支払利息あるいは労務費等の固定費が増加するため，目標とした投資効果が得られなければ，利益およびキャッシュ・フローは悪化します。したがって，設備投資の失敗は，企業の業績悪化の直接的な要因になるといえます。

　設備投資の失敗により，企業の業績が悪化し倒産してしまうことを回避するためにも，金融機関が設備投資計画の検証を行い，客観的なアドバイスをすることが求められます。

2 融資判断の3つのポイント

　他の融資と同様に，設備投資の融資判断の際にも，次の3つのポイントをおさえておくことが必要となります。
　① 資金の必要性（必要事情と金額）
　② 資金使途（支払先と時期）
　③ 償還財源（キャッシュ・フロー予測）

3 「資金の必要性」を検証する

　まず，第一のポイントである「資金の必要性（必要事情と金額）」が

妥当であるか否かを検証します。

❶必要事情の妥当性を検討する

　設備投資資金の場合には，設備投資の目的を確認し，必要事情の妥当性を検討します。一般的に，設備投資は目的に応じて，次の種類に分類されます。

(1) 拡大投資

　拡大投資とは，新工場の建設，店舗の出店などの生産・販売能力を増強することを目的とした投資です。拡大投資では，市場，商品，技術の動向を踏まえて，必要事情が納得できるものであるかを検証します。

　たとえば，「既存事業の売上が減少傾向であり，売上を確保していくために新規事業に投資する。当該新規事業は，既存技術を活用でき，かつ，市場のニーズも見込まれている」というケースは，必要事情に妥当性があると判断できます。

(2) 更新投資

　更新投資とは，陳腐化，老朽化した設備を取り替えるための投資です。現状の企業活動を維持することを目的としています。更新投資では，そもそも更新する必要があるかを検証します。

　そのため，設備の投資サイクルを確認します。設備の投資サイクルは「固定資産台帳」により，既存の主要な設備の経過年数を確認することによって，検証することができます。また，「貸借対照表（B／S）」の有形固定資産の推移や「損益計算書（P／L）」の減価償却費の推移を確認することによって推測できる場合もあります。

　社長へのヒアリングにより既存機械の経済的耐用年数が5年であることが判明した場合には，「固定資産台帳」により既存機械の経過年数が4〜5年経過していることを確認できれば，資金の必要性が検証できたといえます。

(3) 合理化投資

　合理化投資とは，合理化によりコスト削減することを目的とした投資です。合理化投資では，コスト削減効果の見積もりの根拠を確認するため，業者からの提案書など見積もりの根拠となる資料を入手します。また，投資後1年間のコスト削減額だけでなく，効果が見込める期間のコスト削減累計額を確認する必要があります。

(4) 戦略投資

　戦略投資とは，短期的には投資効果は得られませんが，長期的な視点で企業価値を向上させるために実施される投資です。研究開発投資，環境関連投資等が戦略投資に該当します。短期的にはキャッシュ・フローを悪化させる可能性が高いため，メリット・デメリットを整理し，いま，行うべき投資か否かを検討します。

　たとえば，環境関連の法規制により，投資をしなければ事業の継続が困難になることが見込まれる場合のメリットは「事業が継続できること」であり，デメリットは「財務体質が悪化（コスト負担増加，借入金負担増加）すること」と整理されますので，いま，行うべき投資であると考えられます。そのため，必要事情には妥当性があると判断できます。

❷必要金額の妥当性を確認する

　必要事情を確認するとともに，必要金額の妥当性を確認することが必要となります。検証方法として，たとえば，次のアプローチが考えられます。

(1) 回収期間の確認

　一般的に，企業は投資の回収期間を投資の判断材料の一つとします。回収期間とは投下した資金が何年で回収できるかを意味し，「回収期間（年）＝投資額÷年次キャッシュ・フロー」により求められます。

　原則として，回収期間が長期になる投資はリスクが高いと判断されま

すが，回収期間が長期であっても戦略的な投資は経営判断により投資を実行するケースがあります。回収期間が長いため投資すべきでないという機械的な判断ではなく，投資の目的を把握して，その投資の位置づけを理解しましょう。

なお，回収期間法の詳細については，p.200（本章「6．応用編：管理会計における投資の意思決定」）で説明しますので，興味のある方はご参照ください。

(2) 債務償還年数の確認

第三のポイントである「償還財源」の検証の内容と重なりますが，企業全体の収益力と比較して過大な借入金とならないかを検証します。設備投資の結果，格付けが悪化してしまっては意味がありません。収益力と比較して過大な借入金か否かを債務償還年数（＝要返済借入金額÷フリー・キャッシュ・フロー）により判断します。債務償還年数が長期になる場合，収益力と比較して過大な投資と判断せざるを得ません。

(3) 資金調達計画の確認

融資判断にあたっては，格付けへの影響を確認するために，設備投資実行後のB／SとP／Lを把握しておく必要があります。そのため，設備投資額のうち，どれだけが企業の自己資金で賄え，どれだけを借入しなければならないかを確認しなければなりません。借入による調達が多い場合には，格付けへの影響が大きくなる可能性があるからです。

また，借入については，どこからどれだけ調達するのかを把握し，金融機関のバランスが崩れないことを確認します。バランスが崩れる場合には，万が一，投資が失敗するなど不測の事態が生じてしまった場合においても支援先があるかを確認しておきましょう。

(4) その他

設備業者の「カタログ」や「見積書」を確認し，必要なものだけが購入されているか否かを確認します。稀ですが，中小企業においては本当

に必要なもの以外のものまで購入しているケースが見受けられます。そのような場合，社長に再検討することをアドバイスするとよいでしょう。

❸管理会計の考え方を活用して「資金の必要性」を検証する

　資金の必要性を検証する際に，「限界利益」「埋没原価」という管理会計上の考え方が役に立ちます。これらの考え方によって，企業が投資すべきか否かを検証することができます。企業の投資判断を検証することは，資金の必要性を検証することにもつながります。

(1) 限界利益を理解する

　第3章でも説明しましたが，限界利益とは売上高から変動費を控除した利益をいい，売上の増加に伴って追加で増える利益を意味します。算式で表示すると「限界利益＝売上高－変動費」となります。限界利益は固定費を賄うという意味で「貢献利益」とも呼ばれます。限界利益と貢献利益の捉え方についてはさまざまな説がありますが，ここでは同義のものとして扱っています。

　一般的には，最終の利益がマイナスであっても，限界利益がプラスであるならば固定費が賄われるため，投資を実行すべきと考えられます。

Column

P/LだけでなくB/Sも考える

　金融機関の担当者にとっては，設備投資後の会社の債務償還年数を試算し，格付けがどうなるかを確認すること，すなわち，B/Sもチェックすることは当たり前のことだと思います。

　しかしながら，中小企業においては，P/Lだけで設備投資を検討しているケースが多いように見受けられます。設備投資の結果，会社全体の債務償還年数が何年になるのか，収益力と比較して過大な設備投資となっていないか，自己資本比率はどうなるのか，計画どおりの収益目標を達成できた場合には5年後のB/Sはどうなるのかなども確認しておく必要があります。

したがって，融資判断の際にも限界利益がプラスか否かをチェックします。限界利益がプラスである投資案であれば，融資の検討に値すると言えます。

町の小さなパン屋さんを想像しましょう。このパン屋さんの人気商品であるコッペパンは1個200円で販売されています。この商品を1個作るためには小麦粉や牛乳等の材料費100円，従業員への給料60円，オーブンのレンタル料50円がかかります。

このパン屋さんがコッペパン1個を売り上げた場合，売上200円から費用210円（材料費100円，給料60円，レンタル料50円）を差し引いた利益は▲10円となります。利益がマイナスであるため，このコッペパンは製造しないほうがよいのでしょうか？

答えは，製造すべきです。なぜなら，売上200円から変動費（材料費）の100円を差し引いた金額である限界利益が100円であり，プラスになっているからです。コッペパンを追加で1個製造しても固定費110円（ここでは給料60円とレンタル料50円の合計）は追加で発生しません。そのため，限界利益100円全額がパン屋の追加の利益となるため，このパン屋さんはコッペパンを製造すべきといえます。

限界利益とは売上から売上の増減とともに変動する費用（変動費）を差し引いた利益であり，追加で製品を1個製造したときに増加する利益を意味します。そのため，売上から変動費と固定費を差し引いた利益がマイナスであっても，限界利益がプラスであれば製造すべきと判断できます。

(2) **限界利益の算出**

限界利益を算出する場合には，費用を固定費と変動費に分解する必要がありますが，実務上，この費用分解が問題となります。なぜなら，変動費と固定費の中間的な費用があるためです。

変動費とは売上高（操業度）の増減に伴って増減する費用をいい，材

料費や外注費などが該当します。固定費とは売上高(操業度)の増減に関係なく発生する費用をいい,人件費,減価償却費,支払利息などが該当します。

変動費と固定費の中間的な費用とは,準変動費,準固定費と言われます。たとえば,人件費は操業に関係なく発生するため固定費といえますが,一定の操業度を超えた場合に人員を追加補充すると人件費は増加することになりますし,残業代は操業に比例し増減します。電気,ガス,水道料金のように固定部分と変動部分が混在した費用もあります。

これらの準変動費・準固定費を変動費部分と固定費部分に精緻に分解していくと分析が複雑になりすぎるため,実務的には,投資効果測定に求められる精度と固定費と変動費に分類する手間を勘案して,費用を固定費と変動費に分類します。

費用が固定費と変動費に分類できると損益分岐点売上高が算出できます。損益分岐点売上高に達するためには,どれだけの量の製品をいくらで生産・販売しなければいけないのか確認します。具体的には,売上高を数量と単価に分解して,過去と実績との比較,市場の動向等から検証して現実的な数値か確認します。

なお,限界利益と固定費が同額になる売上高が損益分岐点売上高となります。算式で説明すると次のようになります。売上高100,費用100とすると利益は0になります。このとき,費用100の内訳を変動費60と固定費40と仮定すると,下記の算式のとおり限界利益40と固定費40が等しくなることがわかります。

このことから,限界利益40と固定費40が同額になる売上高100が損益分岐点売上高となることがご理解いただけると思います。損益分岐点の考え方については,第3章を参照願います。

売上高100－費用100(変動費60＋固定費40)＝利益0

売上高100－変動費60－固定費40＝利益0

売上高100 − 変動費60 ＝ 利益 0 ＋ 固定費40

限界利益40（売上高100 − 変動費60）＝ 利益 0 ＋ 固定費40

限界利益40 ＝ 固定費40

(3) **限界利益をチェックする**

　現在，A事業だけをしている企業がB事業への参入を検討しているケースを想定します。図表5 − 1は通常の損益計算であり，図表5 − 2は限界利益による損益計算です。図表5 − 1によれば固定費配賦後のB事業の利益は▲10百万円であり，B事業単体では赤字事業のためB事業への参入はすべきでないという判断になります。

　一方，限界利益で考えた図表5 − 2の場合，B事業の限界利益は20百万円のため，参入すべきという判断になります。B事業の限界利益20百万円が投資前から発生していた固定費60百万円の一部を賄うためです。投資前の最終の利益が 0 百万円から20百万円と増加していることがご理解いただけると思います。

　赤字部門の撤退を考える際にも限界利益が判断材料の一つとなります。原則として，限界利益がマイナスの部門は撤退すべきと考えます。ある部門を赤字部門だと思って撤退したところ費用が削減されなかったため赤字が拡大したという話や，黒字部門だと考えていたが固定費を見直したら赤字であったという話はよく聞くところです。部門別損益を分析するときには，「変動費と固定費の分解」と「部門間の固定費の配賦」が問題となりやすいことに注意する必要があります（図表5 − 3参照）。

　限界利益による投資効果の測定は，企業の機会損失を防ぐ有効な方法と考えます。社長から「得意先から増産の話があったけど，赤字で儲からないから止めることにしたよ」という話を聞いたとき，限界利益でマイナスになっているか確認すべきです。なぜなら，限界利益がプラスである場合には，増産したほうが企業全体の損益はプラスになるからです。

　限界利益を試算するため「事業計画」を入手しましょう。たとえば，

メーカーであれば材料費と外注費を変動費とし、労務費、経費は固定費と仮定して、概算で限界利益を算出します。限界利益がプラスであれば、増産について再検討することをアドバイスするとよいでしょう。

〈B事業への新規参入の検討〉

図表5-1　通常の損益計算

（単位：百万円）

科目		投資前		投資後		
		A事業	合計	A事業	B事業	合計
売上高		100	100	100	100	200
費用		100	100	70	110	180
	変動費	40	40	40	80	120
	固定費	60	60	30	30	60
利益		0	0	30	▲10	20

※固定費は売上高按分と仮定

図表5-2　限界利益による損益計算

（単位：百万円）

科目	投資前		投資後		
	A事業	合計	A事業	B事業	合計
売上高	100	100	100	100	200
変動費	40	40	40	80	120
限界利益	60	60	60	20	80
固定費	60	60	30	30	60
利益	0	0	30	▲10	20

※固定費は売上高按分と仮定

図表5-3　限界利益による損益計算

（単位：百万円）

科目	投資前		投資後		
	A事業	合計	A事業	B事業	合計
売上高			100		
変動費			40		
限界利益			60	20	80
固定費	60	60	30	30	60
利益	0	0	30	▲10	20

「変動費と固定費の分解」の問題

「部門間の固定費の配賦」の問題

※固定費は売上高按分と仮定

(4) **埋没原価を理解する**

　管理会計には「埋没原価」という考え方があります。埋没原価とは，将来の意思決定に影響を与えない費用のことをいいます。過去に支出した費用は，将来の意思決定をする際には考慮すべきではないという考え方です。融資判断の際にも埋没原価は無視して計算すべきです。なぜなら，新たな設備投資によってキャッシュ・フローが増加するのであれば融資の検討に値するからです。

　再び，町の小さなパン屋さんの例で説明します。パン屋さんはコッペパンの広告宣伝のため50万円を使用しました。この広告宣伝費を加味するとコッペパンは赤字商品です。この広告宣伝費は，コッペパンの増産を考える際に考慮すべきでしょうか？

　広告宣伝費は過去に支出された費用であり，コッペパンを増産しようとしまいとこの費用を取り戻すことはできません。そのため，パン屋は広告宣伝費を無視して増産の意思決定をすべきです。

　ここでいう広告宣伝費のように過去に支出してしまって取り戻すことができない費用を「埋没原価」といいます。将来について意思決定をするとき，過去の意思決定で取り戻しができないことは水に流しましょう。

(5) **埋没原価をチェックする**

① **増　産**

　増産を検討する際に，既存の設備で対応できる場合には，減価償却費は埋没原価といえます。なぜなら，増産しなくても減価償却費は発生する費用だからです。したがって，増産の意思決定をする際には，埋没原価である減価償却費を無視して計算します。

　図表5－4のケース1－1，1－2は，減価償却費とその他経費を埋没原価と仮定したケースです。ケース1－1では埋没原価を無視しないで損益計算をしているため，税引後利益▲10百万円，キャッシュ・フロー0百万円という結果になり，増産すべきではないという判断になりま

す。一方，埋没原価を無視して損益計算をしたケース1－2では税引後利益12百万円，キャッシュ・フロー12百万円という結果になり，増産すべきという判断になります。

② 新規出店

新規出店する際に，他店舗から人員を移動する場合には，人件費は埋没原価とも考えられます。人員削減はしないという経営方針の企業に当てはまる考え方です。この考え方のもとでは，人件費は企業全体では将来に発生することが決まっているコストのため，新規出店の意思決定を判断するとき，人件費は無視して計算します。

図表5－4のケース2－1，2－2は，人件費を埋没原価と仮定したケースです。埋没原価を無視しないで損益計算をしているケース2－1では，税引後利益▲10百万円，キャッシュ・フロー0百万円となりますが，埋没原価である人件費を無視して損益計算をしたケース2－2では税引後利益12百万円，キャッシュ・フロー22百万円であり，新規出店すべきという判断になります。

③ 製品化

製品化の意思決定をする際には，研究開発費は過去に支出された費用であるため埋没原価といえます。図表5－5のケース3－1，3－2では過去2年間の研究開発の成果が実り，3年目に製品化の検討をしているケースを想定しています。

ケース3－1，3－2は，研究開発費を埋没原価と仮定しています。埋没原価である研究開発費50百万円を無視しないで計算しているケース3－1では5年間のキャッシュ・フロー合計は▲40百万円であるため，製品化すべきでないと判断してしまいます。一方，研究開発費を無視して計算しているケース3－2ではキャッシュ・フローは10百万円であり，製品化すべきと判断できることがわかります。

製品化しなかった場合の合計キャッシュ・フローは過去2年間の研究

開発費相当額の▲50百万円です。製品化した場合と比較して10百万円キャッシュ・フローが減少してしまいます。このように誤った意思決定により機会損失が生じることを防ぐためには,「埋没原価は無視して計算する」という考え方を意識することが有効です。

図表5-4　新規プロジェクトのP/L
　　　　　（増産，新規出店）

（単位：百万円）

項目	増産		新規出店	
	1-1 埋没原価あり	1-2 埋没原価なし	2-1 埋没原価あり	2-2 埋没原価なし
売上高	100	100	100	100
売上原価	50	50	50	50
売上総利益	50	50	50	50
（人件費）	(30)	(30)	(30)	
（減価償却費）	(10)		(10)	(10)
（その他経費）	(20)		(20)	(20)
販売管理費	60	30	60	30
営業利益	▲10	20	▲10	20
営業外損益				
経常利益	▲10	20	▲10	20
法人税等	0	8	0	8
税引後経常利益	▲10	12	▲10	12

CF	0	12	0	22

※CF＝税引後経常利益＋減価償却費
※1-1，1-2では，減価償却費及びその他経費を埋没原価と仮定
※2-1，2-2では，人件費を埋没原価と仮定

図表5-5　新規プロジェクトのP/L（研究開発）

（単位：百万円）

項目	研究開発											
	3-1 埋没原価あり						3-2 埋没原価なし					
	開発期間		収益獲得期間			合計	開発期間		収益獲得期間			合計
	1年目	2年目	3年目	4年目	5年目		1年目	2年目	3年目	4年目	5年目	
売上高			50	200	100	350			50	200	100	350
売上原価			25	100	50	175			25	100	50	175
売上総利益			25	100	50	175			25	100	50	175
(人件費)			(15)	(60)	(30)	(105)			(15)	(60)	(30)	(105)
(減価償却費)			(10)	(10)	(10)	(30)			(10)	(10)	(10)	(30)
(その他経費)			(20)	(20)	(20)	(60)			(20)	(20)	(20)	(60)
(研究開発費)	(25)	(25)				(50)						(0)
販売管理費	25	25	45	90	60	245	0	0	45	90	60	195
営業利益 営業外損益	▲25	▲25	▲20	10	▲10	▲70	0	0	▲20	10	▲10	▲20
経常利益	▲25	▲25	▲20	10	▲10	▲70	0	0	▲20	10	▲10	▲20
法人税等												
税引後経常利益	▲25	▲25	▲20	10	▲10	▲70	0	0	▲20	10	▲10	▲20
CF	▲25	▲25	▲10	20	0	▲40	0	0	▲10	20	0	10

※CF＝税引後経常利益＋減価償却費
※3-1，3-2では，研究開発費を埋没原価と仮定

4 「資金使途（支払先と時期）」を検証する

次に，第二のポイントである「資金使途（支払先と時期）」が妥当であるか否かを検証します。

❶実行前のチェック

設備投資資金ですから，基本的には，設備の購入のために支払われるはずです。また，設備投資に伴うコスト増加（人件費，修繕費，減価償

却費，支払利息等），増加運転資金，M＆Aの場合には買収後の必要資金（退職金，延滞している債務の支払い，老朽化している設備の更新など）の支払いになることも考えられます。

いずれにせよ，融資申込み時の「設備投資の目的」と「資金の支払先」が矛盾していないかを確認することが必要となります。矛盾があるようであれば，再度，第一のポイント「資金の必要性（必要事情と金額）」について検証する必要があります。

❷実行時のチェック

融資実行時に予定どおり支払い先に支払われたか見届ける必要があります。当初の目的に反した融資資金の利用を避けるためです。可能であれば自行の口座により決済することを求めましょう。

5 「償還財源」を検証する

最後に，第三のポイントである「償還財源」を検証します。原則として，償還財源は新たな設備投資によって獲得されるキャッシュ・フローによって捻出されなければなりません。

設備投資融資の場合には，設備投資によって増加するキャッシュ・フローがいくら見込まれるか，設備投資後の企業のキャッシュ・フローはいくら見込まれるか，債務償還年数が何年になるか，自行の信用格付けがどうなるかを確認することとなります。

❶設備投資の種類とチェックポイント

設備投資の種類ごとのチェックポイントは次のとおりです。

(1) 拡大投資

市場，商品，技術の動向について十分な分析をしたうえで，設備投資

後のキャッシュ・フローが見積もられているか確認することが重要となります。

商品のライフサイクルが短縮化する昨今では，顧客ニーズに基づく商品を市場に投入するためにも，従来以上に市場，商品，技術の動向を早期に読み取ることが重要となります。しかしながら，変化の激しい市場，商品，技術の動向を予測することは不確実性が高くリスクを伴うため，投資回収計画は保守的であるべきと考えます。

厳しい投資判断をするために投資回収期間を商品のライフサイクルの半分を目安にしている会社もあります。たとえば，商品のライフサイクルが3年と見積られる場合には，その半分の期間である1.5年で投資が回収できるか否かを投資の判断基準にしています。

また，立ち上げから本格稼動までのタイムラグ，設備投資に伴うコスト増加（人件費，修繕費，減価償却費，支払利息等），増加運転資金の発生の有無，増加運転資金が発生する場合には調達の見通しについて確認をしておく必要があるでしょう。

なお，最近増えてきているM&Aも拡大投資という側面があります。M&Aの場合，買収時の資金だけでなく買収後の必要資金を確認することが重要となります。買収後に発生する資金としては，運転資金の発生，延滞している債務の支払い，退職金の支払い，老朽化している設備の更新投資などがあげられます。

(2) **更新投資**

投資によるキャッシュ・フロー増加効果は少ないため，更新の必要性，必要コスト，支払時期の確認がポイントとなります。新旧設備の生産性の違いによる差額キャッシュ・フローにより償還財源を確保できるかについて十分な検討を要します。

(3) **合理化投資**

主にコスト削減額が投資効果となるため，コスト削減額の見積り根拠

が合理的であるかについて確認する必要があります。また，更新投資と同様に，差額キャッシュ・フローにより償還財源を確保できるか確認します。

(4) 戦略投資

短期的には採算が得られないため，投資を実行する場合には，企業全体の財務体力に与える影響を把握しておく必要があります。

新規事業を戦略投資と位置づけて，短期的には採算が得られなくても投資を実行するケースがあります。長期的な戦略のもとに赤字であっても育てる事業があることは否定されることではありませんが，赤字の垂れ流しを防ぐためにも，事前に撤退ルールを設けておくことが必要です。

しかしながら，中小企業において明確な撤退ルールを設けている企業

Column

M&Aでのアドバイス
「本業との関連性」「経営統合」「社長の陣頭指揮」がポイント

M&A資金の融資判断は，買収後の想定されるP/Lに基づくキャッシュ・フローを検証することになりますが，何より本業との関連性があることを確認します。

新規事業進出のためM&Aを行うこと自体は否定されるものではありませんが，本業に関連がない事業を買収し経営に参画しなかったため失敗した事例が散見されます。また，儲かっている会社を買収したところ経営統合がうまくいかず赤字になったという話もよく聞くところです。

一方，M&A後も収益を維持向上しているケースでは，既存事業とのシナジー効果が明らかに見込めた場合や買収後に現場に人を派遣し経営統合に努めた場合が多いように見受けられます。そのため，M&Aの際には，社長がシナジー効果やスケールメリットなどの既存事業との関連性をどのように見込んでいるかを確認しておきましょう。

「既存事業との関連性（シナジー効果，スケールメリットなど）」「買収後の経営統合（カルチャー，経営管理方法など）」そして，何より「社長自らが陣頭指揮をとること」がM&Aを成功させるポイントとなります。

はほとんどありません。そのため，ズルズルと赤字を垂れ流している事業があれば，収益力，自己資本などから許容される損失額を逆算してアドバイスするとよいでしょう。耐え得る損失額についてのアドバイスは，取引先企業にとって有益な情報になると考えます。状況によっては企業の屋台骨が揺らぐ前にその事業から撤退することをアドバイスすることも必要と考えます。

❷悲観的なシナリオで考える

　融資の返済は，将来において獲得されるキャッシュ・フローにより行われます。そのため，設備投資後のキャッシュ・フローの予測がどのような根拠に基づいているか検証する必要があります。

　設備投資に対する経営者または投資担当者の思いが強ければ強いほど，楽観的な将来見通しに基づきキャッシュ・フローを予測してしまいがちです。客観的な判断をするためにキャッシュ・フロー予測は複数のシナリオ（たとえば，楽観，中間，悲観，最悪）に基づいて行うことをアドバイスするとよいでしょう。最も可能性の高い一つのシナリオに基づき意思決定を行うことより，複数のシナリオに基づいて意思決定を行うほうが正しい意思決定を下せると考えます。

　企業がキャッシュ・フロー予測をする場合，うまくいってほしいとい

Column

モノに置き換えて考える

　金額や財務指標だけで考えると投資判断を誤ることがあります。見落としをなくすためには金額だけでなく，モノに置き換えて考えることを意識しましょう。具体的には，目標売上高を数量と単価に分解して，何をどれだけ作り，いくらで売る計画なのかを，モノを想像しながら考えるということです。状況によっては現場を訪問し，現物を確認するとよいでしょう。モノに置き換えてみた場合，見落としていたものが見えてくる可能性があります。

う人間の心理から，中間シナリオでも下ブレするものです。融資判断にあたっては，悲観シナリオであっても採算があること，返済が滞らないこと，また，投資に失敗しても撤退できることを確認しておくことが重要です。

❸最大損失額を把握する

　最悪シナリオでは，投資が失敗したケースを想定します。万が一，投資が失敗した場合の最大損失額（投下資金＋累積赤字＋撤退コスト）を試算し，損失額が許容範囲内か否かを事前に検討しておくことは必須です。どこまで最大損失額を認めるかは経営判断となりますが，少なくとも債務超過にはならない範囲内と考えます。

　中小企業においては，複数のシナリオに基づいてキャッシュ・フロー予測がなされているケースはほとんどなく，経営者自身は保守的に見積もったと考えていても，結果として，楽観的な予測になってしまうケースが多いように見受けられます。

　また，中小企業では社長は株主であり経営者でもあるため絶対的な権力を有しています。中小企業では社長に意見する人は少ないため，社長

Column

業種の特徴を押さえる

　設備投資計画の検証においては，業種の特徴となる費用を押さえることが必須となります。業種の特徴となる費用とは，その業界で売上高構成比率の高い固定費および変動費を指します。

　たとえば，運送業であれば，燃料費，労務費，車両購入に関するコスト（たとえば，減価償却費），リース料および車両を維持するためのコストなどが特徴となります。設備投資によりこれらの費用がどのように推移するか，その推移が合理的であり納得のいくものであるかを確認し，大きなポイントでズレていないことを押さえておきましょう。

が判断を誤った場合に，企業内部で社長を止めることは困難です。

したがって，金融機関が客観的な立場でアドバイスすることは，経営の監視機能としての役割を果たすことにもなり，企業との長期的な信頼関係を構築し，取引の深耕につながるものと考えます。

なお，撤退コストとは，退職金，解雇予告手当，設備撤去費用，違約金など撤退に伴い発生する費用です。実際に撤退することになった場合，撤退コストに見落しがあれば，想定外の資金の手当てをする必要が生じてしまうことがありますので，事前に漏れがないように確認しておく必要があります。賃貸借契約書，業務契約書等の契約書や給与規程，退職金規程を入手し確認しておくとよいでしょう。

❹既存事業と既存借入金をふまえた償還見通し

融資の判断をする際，設備投資から生じるキャッシュ・フローだけでなく，既存の借入金も考慮する必要があります。既存事業が大幅に落ち込んだ場合，設備投資から生じるキャッシュ・フローを既存の借入金の返済に充てざるを得ないからです。

そのため，投資プロジェクトでは償還見通しがあったとしても，既存事業の将来見通しが厳しい場合には，融資の要請に応えることができないこともあります。したがって，少なくとも「既存事業の損益トレンド」，「既存事業の事業計画（または収支計画）」，および「専門家の意見」や『業種別審査事典』（金融財政事情研究会）などにより業界見通しを確認しておく必要があるでしょう。

❺法人税等の増減を確認する

法人税等の増減は，キャッシュ・フローを増減させるため，債務償還年数（＝要返済借入金額÷キャッシュ・フロー）が増減します。そのため，設備投資計画を検証する際には，法人税等の増加が織り込まれてい

るかをチェックする必要があります。

(1) 減価償却費，支払利息の減少

減価償却費の計上は節税効果があると言われます。費用が増加すると利益が減少するため法人税は減少します。減価償却費は現金の支出を伴わない費用であるため，その法人税の減少分を節税額として認識するという考え方です。

減価償却費の会計処理として定率法を採用しているケースでは，減価償却費が年々減少していきますので，法人税等が増加しキャッシュ・フローが減少します。また，減価償却費と同様に支払利息割引料の増減も法人税等に影響を与えます。借入金の返済が進むにつれて借入金残高は減少するため，支払割引料は減少していきます（図表5－6参照）。

図表5－6　法人税等の増減　　　　　　　　　　　　　　（単位：百万円）

項目	1年目	2年目	3年目	4年目	5年目
売上高	100	100	100	100	100
売上原価	40	40	40	40	40
売上総利益	60	60	60	60	60
（人件費）	(20)	(20)	(20)	(20)	(20)
（減価償却費）	(20)	(15)	(10)	(8)	(6)
（その他経費）	(10)	(10)	(10)	(10)	(10)
販売・管理費	50	45	40	38	36
営業利益	10	15	20	22	24
営業外損益					
経常利益	10	15	20	22	24
法人税等	4	6	8	9	10
税引後経常利益	6	9	12	13	14
CF	26	24	22	21	20

※CF＝税引後経常利益＋減価償却費

(2) 税務上の繰越欠損金

　税務上の繰越欠損金がある場合には，その欠損金額までの所得に対しては法人税等が発生しません。

　税務上の繰越欠損金の金額は，会計上の繰越欠損金とは異なるため，B/Sの純資産の部を見ただけでは確認できません。税務上の繰越欠損金は，「法人税申告書　別表7」に記載されていますので，その資料を入手するとよいでしょう（図表5－7参照）。

(3) 優遇税制

　設備投資の内容によっては，特別償却や税額控除などの優遇税制が活用できます。優遇税制を活用できる場合，法人税等が減少しキャッシュ・フローが増加するケースがあります。社長が検討している設備投資が，税制上の優遇を受けられるか確認しましょう。

　なお，中小企業者などが平成20年4月1日から平成22年3月31日までの期間に一定の機械等を取得した場合の優遇税制としては，「中小企業等投資促進税制（中小企業者等が機械等を取得した場合の特別償却又は税額控除）」「中小企業者等が機械等を取得した場合の税額控除（リース税額控除）」などがあります。具体的な内容は国税庁のホームページ（http://www.nta.go.jp/index.htm）で確認できます。

❻チェック体制を確認する

　投資後，ふたを開けてみれば大赤字であったということがあります。天災地変などの不可抗力の事態が発生した場合はやむを得ませんが，単純に予測が甘かったというケースが多々あります。

　楽観的な予測になってしまう要因として，投資がうまくいってほしいという人間の心理的な要因だけでなく，担当者の設備投資計画に対する責任の度合いも考えられます。つまり，責任の所在が不明確であれば甘い予測になりやすいということです。計画どおりの投資の成果を得るた

第5章●設備投資計画を検証する

図表5-7　法人税申告書 別表7
「欠損金又は災害損失金の損金算入に関する明細書」

事業年度	区分	控除未済欠損金額 1	当期控除額（別表四「36の①」）-（別表七（二）「11」又は「22」）を限度 2	翌期繰越額 (1) - (2) 3
・・	青色欠損・連結みなし欠損・災害損失	円	円	
	設備廃棄欠損・特例欠損			
・・	青色欠損・連結みなし欠損・災害損失			円
	設備廃棄欠損・特例欠損			
・・	青色欠損・連結みなし欠損・災害損失			
	設備廃棄欠損・特例欠損			
・・	青色欠損・連結みなし欠損・災害損失			
	設備廃棄欠損・特例欠損			
・・	青色欠損・連結みなし欠損・災害損失			
	設備廃棄欠損・特例欠損			
・・	青色欠損・連結みなし欠損・災害損失			
	設備廃棄欠損・特例欠損			
・・	青色欠損・連結みなし欠損・災害損失			
	設備廃棄欠損・特例欠損			
	計			

当期分　欠損金額（別表四「38の①」）　　欠損金の繰戻し額
同上のうち　災害損失金
　　　　　　青色欠損金
合計

災害により生じた損失の額の計算

災害の種類		災害のやんだ日	平 ・・
災害を受けた資産の別	棚卸資産 ①	固定資産（固定資産に準ずる繰延資産を含む。）②	計 ①+② ③
当期の欠損金額（別表四「38の①」） 4			円
災害により生じた損失の額　資産の滅失等により生じた損失の額 5	円	円	
被害資産の原状回復のための費用の額 6			
計 (5) + (6) 7			
保険金又は損害賠償金等の額 8			
差引災害により生じた損失の額 (7) - (8) 9			
繰越控除の対象となる損失の額（((4)の③) と ((9)の③) のうち少ない金額） 10			

別表七（一）　平十九・四・一以後終了事業年度分

※国税庁ホームページより。

197

めには投資後の達成度のチェックが不可欠です。

チェック体制の有無は，投資が予測どおりに達成されるかどうか判断する情報となります。どのようなチェック体制が構築されているか確認するとよいでしょう。

中小企業においては，経営者が絶対的な権力を有しているため，チェック体制がない企業が少なくありません。チェック体制がない場合には「わかりやすさ（簡便性）」「チェックしやすさ（追跡可能性）」を重視した指標により，設備投資計画を評価し，投資後もチェックしていくことの重要性をアドバイスするとよいでしょう。また，融資実行後，融資担当者も投資の実績を確認する必要があります。実績が計画を大幅に下回り返済が滞ってしまう事態や，急な資金手当てが必要となってしまう事態を避けるためです。

「計画と実績を対比した内部管理資料」を入手して，計画どおりの投資効果が得られているかを確認しましょう。「計画と実績を対比した内部管理資料」が作成されていない場合には，「残高試算表（月次）」を入手して，売上高の推移だけでも確認しておくとよいでしょう。

6 応用編：管理会計における投資の意思決定

最後に，管理会計における投資の意思決定について説明します。直接的に融資の判断材料の助けとなる手法は少ないと思われますが，企業のあるべき投資の意思決定の考え方を押さえておくことは，資金の必要性の検証に役立ちます。

❶キャッシュ・フローで投資効果を測定する

設備投資の意思決定は，投資効果を測定し，「どれだけ儲かるか（損か得か，どっちが儲かるか）」によって判断されます。管理会計では，

投資効果を設備使用期間における利益またはキャッシュ・フローに基づき測定します。利益は会計処理が異なれば変わるため、最近ではキャッシュ・フローを重視する傾向にあります。

❷時間にも価値がある

　投資効果を測定する場合において、時間的価値を考慮する方法と考慮しない方法があります。「時間的価値」とは、金額が同額であっても将来と現在では価値が違うという考え方です。

　たとえば、100万円を銀行に年利5％（複利）で預金した場合、1年後には利息が加味され105万円〔＝100万円×（1＋0.05）〕、2年後には約110万円〔＝100万円×（1＋0.05）×（1＋0.05）〕になります。現在の100万円、1年後の105万円、2年後の110万円は価値が等しいということです。

　言い換えると、2年後の110万円は、現在では100万円の価値しかないということです。100万円を現在価値といい、110万円を将来価値といいます。現在価値と将来価値は次の算式で示されます。

　　　現在価値＝将来価値÷$(1+r)^n$
　　　$100 ≒ 110 ÷ (1+0.05)^2$
　　　将来価値＝現在価値×$(1+r)^n$
　　　$110 ≒ 100 × (1+0.05)^2$

　一般的に設備投資の効果は長期にわたるため、時間的価値を考慮したほうが正確な測定ができます。そのため、投資効果を測定する際には、将来のキャッシュ・フローを現在の価値に割り戻すことが理論的とされます。

　ただし、割引率（上記例では年利の5％）を恣意的に操作できることや、考え方が複雑な点もあるため、中小企業では時間的価値を考慮する方法を採用している企業は稀です。

図表5-8　現在価値と将来価値
(単位：万円)

現在	1年後	2年後	3年後
100	105	110	116

❸管理会計における投資の評価手法

　設備投資案の評価手法としては，回収期間法，投資利益率法（ROI法），正味現在価値法（NPV法），内部収益率法（IRR法）があります。各手法にそれぞれ長所・短所があるため，どの手法が最も優れているかについては一概にいえませんが，結論としては，企業は複数の手法により評価し，総合的に投資案を評価すべきと考えます（図表5－9参照）。

　ここではそれぞれについて解説しますが，融資判断の際には，計算が簡便である回収期間法，投資利益率法（ROI法）が有効でしょう。

　また，中小企業においては，投資の採算分析は，社長の頭の中だけで行われているケースがほとんどであり，組織として行っているケースは稀です。社長から情報を引き出し，投資の収益性，安全性を確認する必要があります。

(1) 回収期間法（payback period method）

　投下資金が何年で回収できるかで評価する手法です。回収期間が短い投資案ほど有利と判断します。時間的価値を考慮していない点が理論的ではないと短所として指摘されますが，他の手法と比較して計算に手間がかからないことや，考え方がわかりやすいことから，実務的には最も広く使用されています。回収期間は，次の式により求めます。

> 回収期間（年）＝投資額÷年次キャッシュ・フロー

　回収期間法は，収益性ではなく安全性を評価する基準といわれます。早期に資金を回収できるほどリスクが少ないという考え方です。また，

図表5-9　管理会計における投資案の評価手法の比較

評価方法	尺度	性質	内容	長所	短所
回収期間法	期間	安全性	●投資額の回収期間を算定する →短いほど有利	●計算が簡便である ●安全性が測れる	●時間的価値を考慮していない ●収益性，効率性が測れない
投資利益率法（ROI法）	率	収益性	●投下額に対する利益率を算定する →目標利益率，代替案と比較する	●計算が簡便である ●効率性が測れる	●時間的価値を考慮していない ●投資規模が考慮されない ●安全性が測れない
正味現在価値法（NPV法）	金額	収益性	●正味現在価値（NPV＝PV－初期投資額）を算定する →プラスであれば採用，マイナスであれば不採用 →大きいほど有利	●時間的価値を考慮している ●代替案との比較に優れている	●計算が複雑である ●安全性が測れない
内部収益率法（IRR法）	率	収益性	●NPVがゼロになる割引率を算定する →ハードルレート（期待収益率）を上回っている案を採用する	●時間的価値を考慮している ●期待収益率との比較ができる	●計算が複雑である ●安全性が測れない

　投下資金を借入金で調達する場合においては，返済期間が回収期間より短くないか確認する必要があります。回収期間より返済期間が短いということは，獲得されるキャッシュ・フローより返済額が多いことを意味し，返済原資の不足額は既存事業からのキャッシュ・フローにより賄わなければなりません。そのため，回収期間法は適正な返済期間設定の目安にもなります。

融資の判断の際には，企業が見込んでいる投資の回収期間を確認します。すなわち，回収期間が長く見込まれるような投資は「資金の必要性（必要事情と金額）」および「償還財源」が妥当ではないと判断されます。

> **例題** A案とB案について，回収期間を求めて，有利不利を判定しましょう。前提条件は次のとおりです。
>
> （金額単位：百万円）
>
> | | A案 | B案 |
> |---|---|---|
> | 年次売上高 | 100 | 200 |
> | 年次キャッシュ・フロー | 20 | 25 |
> | 投資額 | 50 | 100 |
> | 経済的耐用年数 | 5年 | 5年 |

解答 A案の回収期間は，50百万円÷20百万円＝2.5年であり，B案の回収期間は100百万円÷25百万円＝4.0年となります。したがって，A案2.5年＜B案4.0年ですので，A案が有利という判断になります。

この例題では，「キャッシュ・フロー＝税引後経常利益＋減価償却費」と仮定していますが，設備投資後に設備維持費用等が見込まれる場合には，当該設備維持費はキャッシュ・フローから控除します。すわなち，フリー・キャッシュ・フローにより回収期間を算定することに留意してください。

回収期間法

（単位：百万円）

項　　目	A案	B案
売　上　高	100	200
売　上　原　価	60	130
売　上　総　利　益	40	70
販売・管理費	22	59
営　業　利　益	18	11
営　業　外　収　益	0	0
営　業　外　費　用	1	3
経　常　利　益	17	8
法　人　税　等	7	3
税引後経常利益	10	5

	A案	B案
①CF	20	25
②投資金額	50	100

（単位：年）

	A案	B案
回収期間（＝②÷①）	2.5	4.0

＜仮定＞
1．CFは「税引後経常利益＋減価償却費」と仮定
2．減価償却費は，「A案10百万円，B案20百万円」と仮定
3．投資資金は，全額を借入金により調達するものと仮定
4．支払利息は「期中平均残高×3％」と仮定
5．法人税等は40％と仮定

(2) 投資利益率法（return on investment method：ROI）

投資資金に対する利益率により投資案の収益性を評価する手法です。算式で示すと，

> ROI ＝ リターン（利益またはキャッシュ・フロー）÷ 投資額

となります。リターンを何で測るかは分析の目的により異なってきます。

簡便的に分析をすることに重点をおく場合には，「営業利益」や「経

常利益」などの会計上の利益をそのまま使用します。調達コストとの比較を目的とするときは，経常利益でなく利息支払前の利益である営業利益を使用することもあります。キャッシュ・フローベースによる分析を重視する場合には，会計上の利益ではなく，よりキャッシュ・フローに近い「償却前営業利益」，「償却前経常利益」，「償却前利払前経常利益」，「税引後償却前利払前経常利益」，「フリー・キャッシュ・フロー」などを使用します。

　また，分母の投下資金額も「設備投資額」のみを使用することもあれば，「設備投資額＋売上債権＋棚卸資産」を使用するケースもあります。さらに，設備投資の簿価は減価償却により減少していきますので，償却が進むにつれてROIは上昇していくことになります。そのため，投資時点だけでなく，収益獲得期間を通じてのROIを算定することもあります。

　以上のように，算定方法はさまざまです。実務的には分析の目的に照らし合わせて，分母と分子，および算定期間を決定することになります。

　融資の判断の際には，企業がより利益率の高い投資に資金を使うことを計画しているかを確認します。逆に言うと，利益率が低い投資であれば，そもそも投資する必要がない，すなわち，「資金の必要性（必要事情と金額）」および「償還財源」が妥当ではないと判断されます。

第5章 ●設備投資計画を検証する

例 題 A案とB案について，投資収益率を求めて，投資案の有利不利を判定しましょう。前提条件は次のとおりです。

（金額単位：百万円）

	A案	B案
年次売上高	100	200
年次キャッシュ・フロー（1－3年目）	20	25
年次キャッシュ・フロー（4－5年目）	21	26
投資額	50	100
経済的耐用年数	5年	5年
残存価額	0	0

解 答 ROIを試算します。分子を年次キャッシュ・フロー，分母を投資額と仮定すると，それぞれのROIは次のとおりです。

（A案）

　年次キャッシュ・フロー20百万円÷投資額50百万円＝40％

（B案）

　年次キャッシュ・フロー25百万円÷投資額100百万円＝25％

　A案40％＞B案25％となり，A案が有利という結論になります。なお，初年度のROIに減価償却費を加味して，分母の投資金額を期中平均残高で計算した場合には，A案44％（＝年次キャッシュ・フロー20百万円÷期中平均残高45百万円），B案28％（＝年次キャッシュ・フロー25百万円÷期中平均残高90百万円）となります。

投資利益率

（A案） (単位：百万円)

項目	期首	1年目	2年目	3年目	4年目	5年目	合計
売上高		100	100	100	100	100	500
売上原価		60	60	60	60	60	300
売上総利益		40	40	40	40	40	200
販売・管理費		22	22	22	22	22	110
営業利益		18	18	18	18	18	90
営業外収益		0	0	0	0	0	0
営業外費用		1	1	1	0	0	3
経常利益		17	17	17	18	18	87
法人税等		7	7	7	7	7	35
税引後経常利益		10	10	10	11	11	52

①営業利益		18	18	18	18	18	18
投資金額（資産額）	50	40	30	20	10	0	―
②期中平均残高		45	35	25	15	5	25
投資利益率（①÷②）		40%	51%	72%	120%	360%	72%

①CF		20	20	20	21	21	20
投資金額（資産額）	50	40	30	20	10	0	―
②期中平均残高		45	35	25	15	5	25
投資利益率（①÷②）		44%	57%	80%	140%	420%	80%

第5章●設備投資計画を検証する

(B案)

(単位：百万円)

項目	期首	1年目	2年目	3年目	4年目	5年目	合計
売上高		200	200	200	200	200	1,000
売上原価		130	130	130	130	130	650
売上総利益		70	70	70	70	70	350
販売・管理費		59	59	59	59	59	295
営業利益		11	11	11	11	11	55
営業外収益		0	0	0	0	0	0
営業外費用		3	2	2	1	0	8
経常利益		8	9	9	10	11	47
法人税等		3	4	4	4	4	19
税引後経常利益		5	5	5	6	7	28

①営業利益		11	11	11	11	11	11
投資金額（資産額）	100	80	60	40	20	0	―
②期中平均残高		90	70	50	30	10	50
投資利益率（①÷②）		12%	16%	22%	37%	110%	22%

①CF		25	25	25	26	26	26
投資金額（資産額）	100	80	60	40	20	0	―
②期中平均残高		90	70	50	30	10	50
投資利益率（①÷②）		28%	36%	50%	87%	260%	52%

＜仮定＞

1. CFは「税引後経常利益＋減価償却費」と仮定
2. 減価償却費は、「A案10百万円、B案20百万円」と仮定
3. 投資資金は、全額を借入金により調達するものと仮定
4. 支払利息は「期中平均残高×3％」と仮定
5. 法人税等は40％と仮定

(3) 正味現在価値法（net present value method：NPV法）

投資により獲得できる将来キャッシュ・フローの割引現在価値合計額から投資額を控除したものを正味現在価値といいます。正味現在価値（NPV）を算式で表すと次のとおりです

$$\text{NPV} = \text{将来キャッシュ・フローの割引現在価値合計額} - \text{投資額}$$
$$= [CF_1/(1+r) + CF_2/(1+r)^2 + \cdots + CF_n/(1+r)^n] - \text{投資額}$$

正味現在価値が大きいものほど有利な投資案とされ、正味現在価値がマイナスになる投資案は採用すべきでないと判断されます。正味現在価値は大きいほど有利であると判断できますが、金額で算定されるため効率性は判断できません。したがって、投資収益率法（ROI法）などの効率性を判断できる指標とあわせて用いるべきと考えます。

なお、正味現在価値法は時間的価値を考慮していることから、他の手法と比較して理論的であり優れていると言われていますが、計算が複雑であることから、中小企業においては、ほとんど使用されていません。

さらに割引率の設定によって、正味現在価値は大きく変動してしまうため、この手法を使用するときには、割引率の設定根拠が課題となります。投資案のリスクや資金調達コストを考慮し、必要とされる期待収益率を割引率として使用することとなります。

第5章 ●設備投資計画を検証する

> **例題** A案とB案について，正味現在価値を求めて，有利不利を判定しましょう。前提条件は次のとおりです。
>
> （単位：百万円）
>
> | | A案 | B案 |
> |---|---|---|
> | 年次売上高 | 100 | 200 |
> | 年次キャッシュ・フロー（1－3年目） | 20 | 25 |
> | 年次キャッシュ・フロー（4－5年目） | 21 | 26 |
> | 投資額 | 50 | 100 |
> | 経済的耐用年数 | 5年 | 5年 |
> | 残存価額 | 0 | 0 |
> | 期待収益率（割引率） | 10% | 10% |

解答 正味現在価値を計算します。前述の算式「NPV＝将来キャッシュ・フローの割引現在価値合計額－投資額」に当てはめると，次のとおりです。

（A案の正味現在価値）

$$\text{NPV} = \left[\frac{20}{(1+0.1)} + \frac{20}{(1+0.1)^2} + \cdots + \frac{21}{(1+0.1)^5} \right] - 投資額50$$

　　＝将来キャッシュ・フローの割引現在価値合計額77－投資額50

　　＝27

（B案の正味現在価値）

$$\text{NPV} = \left[\frac{25}{(1+0.1)} + \frac{25}{(1+0.1)^2} + \cdots + \frac{26}{(1+0.1)^5} \right] - 投資額100$$

　　＝将来キャッシュ・フローの割引現在価値合計額97－投資額100

　　＝▲3

　A案の正味現在価値27百万円であり，B案の正味現在価値▲3百万円となります。したがって，A案はB案と比べて有利と判断できます。また，B案は正味現在価値がマイナスであるため，投資すべきでない

という判断になります。

なお,この事例では,便宜的に残存価額は0百万円と仮定していますが,処分価値がある場合には,処分価値の割引現在価値分を加算してNPVを計算します。

正味現在価値法

（A案）
(単位：百万円)

項目	1年目	2年目	3年目	4年目	5年目	合計
売上高	100	100	100	100	100	500
売上原価	60	60	60	60	60	300
売上総利益	40	40	40	40	40	200
販売・管理費	22	22	22	22	22	110
営業利益	18	18	18	18	18	90
営業外収益	0	0	0	0	0	0
営業外費用	1	1	1	0	0	3
経常利益	17	17	17	18	18	87
法人税等	7	7	7	7	7	35
税引後経常利益	10	10	10	11	11	52

	1年目	2年目	3年目	4年目	5年目	合計
①CF	20	20	20	21	21	102
②（1＋割引率）^{n}	1.10	1.21	1.33	1.46	1.61	―
③＝①÷②	18	17	15	14	13	77
④投資金額						50
正味現在価値（＝③－④）						27

第5章 ● 設備投資計画を検証する

（B案）
（単位：百万円）

項目	1年目	2年目	3年目	4年目	5年目	合計
売上高	200	200	200	200	200	1,000
売上原価	130	130	130	130	130	650
売上総利益	70	70	70	70	70	350
販売・管理費	59	59	59	59	59	295
営業利益	11	11	11	11	11	55
営業外収益	0	0	0	0	0	0
営業外費用	3	2	2	1	0	8
経常利益	8	9	9	10	11	47
法人税等	3	4	4	4	4	19
税引後経常利益	5	5	5	6	7	28

	1年目	2年目	3年目	4年目	5年目	合計
①CF	25	25	25	26	26	127
②（1＋割引率）^{n}	1.10	1.21	1.33	1.46	1.61	―
③＝①÷②	23	21	19	18	16	97
④投資金額						100
正味現在価値（＝③－④）						▲3

〈仮定〉
1．CFは「税引後経常利益＋減価償却費」と仮定
2．減価償却費は，「A案10百万円，B案20百万円」と仮定
3．投資資金は，全額を借入金により調達するものと仮定
4．支払利息は「期中平均残高×3％」と仮定
5．法人税等は40％と仮定
6．期待収益率（割引率）は，10％と仮定

(4) **内部収益率法（internal rate of return：IRR）**

　投資案の内部収益率とハードルレートを比較する方法です。内部収益率とは，投資案の正味現在価値がゼロになる割引率をいいます。また，ハードルレートとは，企業が投資判断する際の基準のレートであり，期待収益率（資金調達コスト＋リスクプレミアム）を意味します。
　したがって，投資案の内部収益率が基準レートであるハードルレート

より大きい投資案は採用すべきであり，内部収益率がハードルレートより小さい投資案は拒否すべきと判断されます。

例題 A案とB案について，内部収益率を求めて，投資の可否を判定しましょう。前提条件は次のとおりです。

（単位：百万円）

	A案	B案
年次売上高	100	200
年次キャッシュ・フロー（1－3年目）	20	25
年次キャッシュ・フロー（4－5年目）	21	26
投資額	50	100
経済的耐用年数	5年	5年
残存価額	0	0
ハードルレート	10%	10%
（資金調達コスト）	(3%)	(3%)
（リスクプレミアム）	(7%)	(7%)

解答 内部収益率を試算します。正味現在価値の算式「NPV＝将来キャッシュ・フローの割引現在価値合計額－投資額」に当てはめると，次のとおりです。

（A案の内部収益率）

$$NPV = \left[\frac{20}{(1+r)} + \frac{20}{(1+r)^2} + \cdots + \frac{21}{(1+r)^5}\right] - 投資額50$$

$$\frac{20}{(1+r)} + \frac{20}{(1+r)^2} + \cdots + \frac{21}{(1+r)^5} = 投資額50$$

$$r = 0.29$$

（B案の内部収益率）

$$NPV = \left[\frac{25}{(1+r)} + \frac{25}{(1+r)^2} + \cdots + \frac{26}{(1+r)^5}\right] - 投資額100$$

$$\frac{25}{(1+r)} + \frac{25}{(1+r)^2} + \cdots + \frac{26}{(1+r)^5} = 投資額100$$

r = 0.085

A案の内部収益率29%であり,B案の内部収益率は8.5%となります。したがって,B案はハードルレート10%を下回っているため,投資すべきでないと判断されます。

内部収益率

(A案)

(単位：百万円)

項目	1年目	2年目	3年目	4年目	5年目	合計
売上高	100	100	100	100	100	500
売上原価	60	60	60	60	60	300
売上総利益	40	40	40	40	40	200
販売・管理費	22	22	22	22	22	110
営業利益	18	18	18	18	18	90
営業外収益	0	0	0	0	0	0
営業外費用	1	1	1	0	0	3
経常利益	17	17	17	18	18	87
法人税等	7	7	7	7	7	35
税引後経常利益	10	10	10	11	11	52

①CF	20	20	20	21	21	102
②（1＋割引率）^{n}	1.29	1.67	2.16	2.80	3.62	—
③＝①÷②	15.5	12	9	7.5	6	50
④投資金額						50
正味現在価値（＝③－④）						0
割引率						29%

（B案） （単位：百万円）

項目	1年目	2年目	3年目	4年目	5年目	合計
売上高	200	200	200	200	200	1,000
売上原価	130	130	130	130	130	650
売上総利益	70	70	70	70	70	350
販売・管理費	59	59	59	59	59	295
営業利益	11	11	11	11	11	55
営業外収益	0	0	0	0	0	0
営業外費用	3	2	2	1	0	8
経常利益	8	9	9	10	11	47
法人税等	3	4	4	4	4	19
税引後経常利益	5	5	5	6	7	28

①CF	25	25	25	26	26	127
②（1＋割引率)^n	1.08	1.18	1.28	1.38	1.50	―
③＝①÷②	23	21	20	19	17	100
④投資金額						100
正味現在価値（＝③－④）						0
割引率						8.5％

〈仮定〉

1．CFは「税引後経常利益＋減価償却費」と仮定
2．減価償却費は，「A案10百万円，B案20百万円」と仮定
3．投資資金は，全額を借入金により調達するものと仮定
4．支払利息は「期中平均残高×3％」と仮定
5．法人税等は40％と仮定
6．期待収益率（割引率）は，10％と仮定

第5章 ●設備投資計画を検証する

EXERCISE
練 習 問 題

❶ 設備投資の必要性と金額の検証

〈A社概要〉

設立	1950年
資本金	50百万円
売上高	10,000百万円
従業員数	300人（パート，アルバイト含む）
店舗数	8店舗

　A社は，先代社長が創業して以来，関西圏を中心にチェーン展開（8店舗）している食品スーパーマーケットです。創業以来，ゆるやかではありますが，業績を伸ばしてきていました。

　経営は，先代社長からT社長に変わり，競合対策として，コスト削減等の改善策も積極的に進めている状況ですが，それ以上に売上と粗利の減少幅が大きく，コスト削減だけでは競合他社の出店による利益減少を抑えることは困難となっています。

　A社の既存店舗の利益が減少していく一方で，T社長は，新規出店による売上の増加と利益の確保を狙い，出店対象になる物件を探していましたが，ようやく見つかった物件は通常よりも高い開発費となることが判明しました。

　T社長からG銀行の担当者であるU氏に新規出店のための融資をしてほしいとの打診がありました。

　U氏は，T社長から，今回の出店の必要性とそれによる改善可能性を次のように説明されました。

　「現状維持だけでは，売上の減少が大きく，コスト削減も厳しい状況になっている。そのため，今回の新規出店で売上全体を維持し，改善につなげたい。

出店対象となっている物件は，商圏も魅力的であり，早く決断しないと他社に取られる可能性が高い物件なので，できるだけ早めに融資をお願いしたい。投資金額の合計は1,000百万円である」

【問題】
① 投資が必要となった事情（事象）を整理し，この投資の妥当性を判断してください。
② 投資金額が妥当であるか否かを検証する方法にどのような方法があるかを挙げてください。
③ 投資前と投資後のA社の借入金償還年数をそれぞれ求めてください。
④ 出店計画を検証するための方法を挙げてください。
⑤ 償還財源とされるキャッシュ・フローを求めてください。
⑥ キャッシュ・フローを求める際に，重要となるポイントを挙げてください。

A社：貸借対照表（B/S）

（単位：百万円）

資産の部		負債の部	
科目	簿価	科目	簿価
流動資産	**330**	**流動負債**	**1,859**
現金及び預金	140	支払手形	8
商品	179	買掛金	675
貯蔵品	2	短期借入金	986
前払費用	3	未払金	150
その他の流動資産	6	預り金	40
固定資産	**3,974**	**固定負債**	**1,374**
〔有形固定資産〕		長期借入金	1,000
建物	1,567	預り保証金	374
構築物	267	**負債合計**	**3,233**
器具備品	80	純資産の部	金額
土地	1,265	〔資本金〕	50
〔無形固定資産〕	78	〔資本剰余金〕	122
〔投資その他の資産〕			
投資有価証券	67	〔利益剰余金〕	899
出資金	32		
長期貸付金	45		
長期前払費用	7		
差入保証金	560		
会員権	6	**純資産合計**	**1,071**
資産合計	**4,304**	**負債及び純資産合計**	**4,304**

A社：損益計算書（P/L）
（単位：百万円）

項　目	額
売上高	10,256
売上原価	8,102
売上総利益	2,154
販売・管理費	2,102
（うち減価償却費）	（　98）
営業利益	52
営業外収益	42
営業外費用	50
経常利益	44
法人税等	18
税引後経常利益	26

①CF	124

新規出店損益計画
（単位：百万円）

項　目	額
売上高	1,200
売上原価	936
売上総利益	264
販売・管理費	240
（うち減価償却費）	（　65）
営業利益	24
営業外収益	12
営業外費用	21
経常利益	15
法人税等	6
税引後経常利益	9

①CF	74
②総投資金額	1,000
回収年数（②÷①）	14

解答例

① 既存店による売上減少と利益減少が大きくなっているため，新規出店による売上減少と利益減少を抑止することを目的としており，投資目的としては妥当であると思われる。

② 回収期間法（投資金額÷年次キャッシュフロー）
債務償還年数（要返済借入金額÷フリー・キャッシュ・フロー）
見積書による内容確認

③ 現状の借入金償還年数
借入金1,986百万円÷キャッシュ・フロー124百万円＝16年
投資後借入金償還年数
借入金2,986百万円÷キャッシュ・フロー198百万円＝15年

④ 新規出店計画の損益計算書を入手し，売上の計画根拠，粗利率の計画

根拠，経費の計画根拠を明確にし，当社の平均能力と大きな乖離がないかを検証する。
⑤　既存店キャッシュ・フローと新規出店店舗のキャッシュ・フローを合算し，経常的に行われる投資（修繕含む）を除した額
　　キャッシュ・フロー＝税引後経常利益＋減価償却費－必要投資（修繕）
⑥　小売業における店舗運営には，修繕や改修がつきものであり，経常的な投資が大きなポイントとなるため，キャッシュ・フローから経常的な投資金額を除いたフリー・キャッシュ・フローを求める必要がある。

解　説

(1)　投資目的を押さえる

設備投資の融資判断において，まず第1に重要なことは，「その投資が何を目的にしているのか」ということを明確にすることです。今回の投資は，競合他社出店による既存店の売上減少を止めるためのものです。この場合，投資を行わなければ全社としての売上減少が継続し，ゆくゆくは損益赤字となることが予測されます。

つまり，本事例における投資の必要性は，「ある」と判断されますが，ここで気をつけなければならないのは，その目的が何であるかによって判断が変わることです。

投資目的とその投資が必要とされるその背景をしっかりと押さえ，理由が明確にならない場合は，妥当ではないと判断されることもあります。

(2)　投資金額の妥当性を考える

投資金額は，主に見積書や開発計画書などから確認できますが，その際に大事なことは，内容が妥当性のあるものか否かということであり，不必要なものや過剰投資になっていないかということを確認する必要があります。

本事例では，T社長から1,000百万円という金額が口頭で伝えられたのみであり，その内容は提出されていません。この段階で融資の判断をすることはできません。たとえば，リースを利用したほうがメリットのある機械・器具などが投資見積りに入っている可能性があり，初期投資をおさえることがで

きるかもしれないからです。

　そのため，今回のような「口頭での通知」のみではなく，見積書および開発計画などを入手し，社長に内容を確認することが必要となります。

(3)　借入金償還年数で検証する

　投資金額を検証するもう一つの手法として，投資金額を融資した後の借入金償還年数を用いて検証する方法があります。A社の現状の借入金償還年数は，「借入金（1,986百万円）÷キャッシュ・フロー（124百万円）＝16年」となります。

　融資を実行したと仮定した場合の償還年数は借入金「借入金（1,986百万円＋1,000百万円）＝2,986百万円」を「キャッシュ・フロー（124百万円＋74百万円）＝198百万円」で割りますので，「15年」となります。

　この水準であれば，現状よりも償還年数も長期化することなく，返済ができると考えられますが，その前提は新規出店の店舗のキャッシュ・フローが計画どおりになるということであり，出店計画（損益計画）が妥当性のあるものかどうかがポイントとなります。

(4)　出店損益計画の検証

　出店損益計画が狂うことは，借入金償還年数の問題に直結し，格付けの見直しやその後の融資実務に大きな影響を及ぼすこととなります。本事例においては，予定損益が提出されていますが，勘定科目に計上されている数字の妥当性を一つずつ確認することが，妥当性のある計画か否かを検証する作業となります。項目の根拠が明確になっていない場合，その計画の妥当性が低く，達成可能性が低い計画ということが判明します。

(5)　本件融資の返済財源を考える

　融資の返済財源は，企業が生むキャッシュ・フローの金額が原資となります。そのため，対象となる設備投資が，既存事業および新規事業でどのような影響を与えるかが重要なポイントとなります。既存事業のキャッシュ・フローは，既存店舗の損益計算書により求めることができます。その計算式は，「税引後当期純利益＋減価償却費等の非資金的項目」であることはすでにおわかりかと思います。

第5章 ● 設備投資計画を検証する

　一般的に，設備投資の回収計画を会社が作成している場合，改善可能性や成長率が過大に予測されていることが多く，実施後にはその計画と実績との乖離が目立つということが見受けられます。このようなことを回避するためには，投資の回収計画を少なくとも2パターンに分け，作成する必要があると考えられます。その分け方は，最大効果が発生する事例と，最低効果の2パターンがいいでしょう。

　さらに言えば，既存事業のキャッシュ・フローに対する既存借入の返済と新規事業のキャッシュ・フローとそれに対する新規借入を分けて償還財源があるか否かを把握し，その合算でも問題とならないことが確認する必要があります。新規出店店舗のキャッシュ・フローが計画どおりに出ていたとしても，既存店のキャッシュ・フローが減少傾向にあると，新規出店の底上げ効果は減少することが考えられるからです。新規出店店舗のキャッシュ・フローと既存事業のキャッシュ・フローとを分けて把握すること，かつ既存事業の損益推移を把握することにより，そのリスクは軽減されます。

新規出店損益計画 （単位：百万円）

項目	最大	最小	
客数（人）	727,273	700,000	※売上根拠を分解し，内容を確認
客単価（円）	1,650	1,680	
売上高	1,200	1,176	
売上原価	936	929	
売上総利益	264	247	
粗利率	22.0%	21.0%	※22％達成の根拠がなければ
販売・管理費	240	240	粗利率は低めに設定
人件費		132	
固定費		80	※販売管理費の内容を明記する
その他経費		28	
（うち減価償却費）	(65)	(65)	
営業利益	24	7	
営業外収益	12	12	
営業外費用	21	21	
経常利益	15	－2	
法人税等	6		
税引後経常利益	9	－2	

①CF	74	63	
②投資金額	－10	－10	※設備投資をCFから除く
③FCF（①-②）	64	53	

❷ 投資の回収を考える（回収期間法）

〈B社概要〉
設立　　　1975年
資本金　　30百万円
売上高　　5,000百万円
従業員数　120人
　　　　（パート，アルバイトを含む）
店舗数　　5店舗

　B社は，名古屋市内を中心にチェーン展開している食品スーパーマーケットです。創業者のH社長は，数年前からの競合他社の出店攻勢に悩まされ，売上の下げ止まりをどのように図るかを検討していました。
　H社長は，ここ10年の間は無理な出店を控え，店舗管理システムやEOS（Electroic Ordering System）発注などのシステム拡充に力を入れ，基盤を固めようと努力してきました。
　その結果，店舗別部門別の売上，仕入，粗利といった営業成績は，月末から10日の間に確定される体制にできました。また，確定した数字を分析した資料を基準に，経営幹部が集まって，翌々月の目標とセールの方法などを決めるという営業の進め方をしており，その運用も徹底されています。
　しかし，システム投資に力を入れその投資金額のほとんどをリースによる導入コスト圧縮を図ってきたため，リース料が多額になっています。
　また，店舗年齢が高くなってきており，改装を控えてきたため，経常的に発生する修繕費が多額に発生する状態となってしまっています。
　設備の老朽化問題と，客数の低下による売上が減少していく問題を解決するために，H社長は既存店2店舗の大幅な投資を計画し，競合他社に流れた客数の回復による売上の確保と修繕費の圧縮によるコスト削減の効果による収益改善を目標にしました。その投資金額は2店舗の改装で200百万円です。

【問題】
① 回収期間法の計算式を示してください。
② 回収期間法にて計算された結果が示す特徴を2つ示してください。

B社：貸借対照表（B/S）

（単位：百万円）

資　産　の　部		負　債　の　部	
科　　　目	簿価	科　　　目	簿価
流動資産	137	**流動負債**	1,185
現 金 及 び 預 金	40	買　　掛　　金	398
商　　　　　　品	72	短 期 借 入 金	700
貯　　蔵　　品	5	未　　払　　金	87
その他の流動資産	20		
固定資産	2,355	**固定負債**	1,115
〔有形固定資産〕		長 期 借 入 金	1,115
建　　　　物	900	預 り 保 証 金	
構　築　物	89	**負債合計**	2,300
器 具 備 品	45	純資産の部	金額
土　　　地	780	〔資　本　金〕	30
〔無形固定資産〕	120	〔資本剰余金〕	32
〔投資その他の資産〕		〔利益剰余金〕	130
出　資　金	21		
長 期 前 払 費 用	60		
差 入 保 証 金	340	**純資産合計**	192
資産合計	2,492	**負債及び純資産合計**	2,492

第5章●設備投資計画を検証する

B社：損益計算書（P/L）
（単位：百万円）

項　　目	全社
売上高	5,000
売上原価	3,800
売上総利益	1,200
販売・管理費	1,100
（うち減価償却費）	（　　70）
営業利益	100
営業外収益	30
営業外費用	45
経常利益	85
法人税等	34
税引後経常利益	51
①CF	121

B社：改装店舗損益計算書（P/L）
（単位：百万円）

項　　目	○○店
売上高	1,200
売上原価	960
売上総利益	240
販売・管理費	228
（うち減価償却費）	（　　20）
営業利益	12
営業外収益	4
営業外費用	5
経常利益	11
法人税等	4
税引後経常利益	7
①CF	27

解答例

① 回収期間＝投資金額÷年次キャッシュ・フロー

② 回収期間よりも返済期間が短いときの特徴は，キャッシュ・フローよりも返済額が大きく，既存事業またはその他から返済原資を賄う必要がある。

回収期間の長期化は，投資金額の妥当性が低いと懸念される。

解　説

(1) **投資は何年で回収できるか**

本件のような既存店に対する改装投資は，更新投資といい，建て替えに近い大規模なものから，売場改装のような小規模なものまで幅広くありますが，最も重要なことは，その投資によって，投資した店舗（設備）がどのような姿になり，具体的にいくらの効果が出るのかという点であり，その結果として200百万円を何年で回収できるのかという点です。

本事例においては，「回収期間（7.4）年＝投資額（200百万円）÷年次キャ

ッシュ・フロー（27百万円）」となります。

(2) 回収期間法の特徴

　回収期間法により算出された結果が長期であるか短期であるかにより，その特徴が異なります。回収期間が返済期間よりも短期となった場合，キャッシュ・フローよりも返済金額が多いことを意味し，その事業のみでの返済が困難であるという特徴があります。一方，その反対である回収期間が返済期間よりも長期となった場合はその逆です。

❸事業の撤退を考える（限界利益）

〈C社概要〉

設立	1955年
資本金	60百万円
売上高	3,500百万円
従業員数	40人
業種	食品メーカー

　C社は，食品スーパーマーケットなどを販路に持つ，創業60年を迎える食品メーカーです。地域においては，一般消費者への知名度も高く比較的安定した売上を誇る会社であり，商品の特性，販路などで区分した事業部制を運用しています。しかし，ここ数年の間に始まった強烈な価格競争や原料の高騰により競合他社におされ気味となっており，事業部毎の採算では，赤字となる事業も出始めました。

　そこでE社長は，赤字であり，かつ商品化されてから最も長い期間が経過しているA事業部を撤退するかどうかを検討しています。

　C社の事業部採算は，各事業部で損益計算書が作成され，共通コストが配賦されているもので採算管理されています。

第5章 ●設備投資計画を検証する

【問題】

以下のB/SとP/Lを確認し，本件におけるA事業部の撤退は妥当であるか否かを設問に沿って考えてください。

① 限界利益の計算式を示してください。
② C社A事業部の限界利益を求めてください。（応用問題）
③ C社A事業部の撤退が改善となるか否かを判断してください。（応用問題）

C社：貸借対照表（B/S）

（単位：百万円）

資産の部		負債の部	
科　目	簿価	科　目	簿価
流動資産	**435**	**流動負債**	**1,590**
現金及び預金	160	支払手形	23
商　品	245	買掛金	180
貯蔵品	21	短期借入金	1,100
その他の流動資産	9	未払金	287
固定資産	**6,701**	**固定負債**	**4,350**
〔有形固定資産〕		長期借入金	3,900
建　物	1,976	預り保証金	450
構築物	876	**負債合計**	**5,940**
器具備品	354	純資産の部	金額
土　地	2,300	〔資本金〕	60
〔無形固定資産〕	180	〔資本剰余金〕	280
〔投資その他の資産〕		〔利益剰余金〕	856
出資金	56		
長期前払費用	89		
差入保証金	870	**純資産合計**	**1,196**
資産合計	**7,136**	**負債及び純資産合計**	**7,136**

C社：事業部別損益計算書（P/L）

（単位：百万円）

項目	全社	A	B	C	D	本部
売上高	3,500	900	850	1,400	350	
製造原価	1,456	350	359	574	172	
（材料費）	(725)	(172)	(179)	(282)	(92)	
（人件費）	(600)	(152)	(148)	(240)	(60)	
（その他）	(131)	(26)	(32)	(52)	(20)	
売上原価	1,066	323	253	400	90	
売上総利益	978	227	238	426	88	
販売管理費	893	237	214	359	83	
（人件費）	(384)	(94)	(92)	(134)	(34)	(30)
（広告宣伝等）	(45)	(12)	(11)	(18)	(0)	(4)
（水道光熱費）	(30)	(10)	(7)	(10)	(3)	
（賃借料等）	(278)	(60)	(60)	(110)	(28)	(20)
（その他）	(156)	(40)	(25)	(55)	(10)	(26)
（共通コスト賦課）		(21)	(19)	(32)	(8)	(▲80)
営業利益	85	▲10	24	67	5	0
（うち減価償却費）	(130)	(40)	(25)	(60)	(5)	

解答例

① 限界利益＝売上高－変動費（事業撤退に伴い減少する費用）

② 限界利益11百万円＝売上高900百万円－変動費889百万円

③ C社A事業部の限界利益は11百万円であるため，A事業部の撤退は全社としての改善とならない。

解説

(1) **限界利益は変動費・固定費の分類から**

限界利益は（売上高－変動費）で求められますが，この計算式からわかるように，限界利益を把握するためには，損益計算書の費用項目を変動費と固定費にそれぞれ分類することが最初の段階となります。

本事例では，A事業部の撤退の可否を判断することを目的に限界利益を算

第5章 ●設備投資計画を検証する

出します。そのため，変動費は「事業撤退により減少する費用」，固定費は「事業撤退により減少しない費用」となります。

C社：事業部別損益計算書（P/L）

（単位：百万円）

項　　目	全社	変/固	A	B	C	D	本部
売上高	3,500		900	850	1,400	350	
製造原価	1,456		350	359	574	172	
（材料費）	(725)	変動費	(172)	(179)	(282)	(92)	
（人件費）	(600)	変動費	(152)	(148)	(240)	(60)	
（その他）	(131)	変動費	(26)	(32)	(52)	(20)	
売上原価	1,066	変動費	323	253	400	90	
売上総利益	978		227	238	426	88	
販売・管理費	893		216	195	327	75	80
（人件費）	(384)	変動費	(94)	(92)	(134)	(34)	(30)
（広告宣伝等）	(45)	変動費	(12)	(11)	(18)	(0)	(4)
（水道光熱費）	(30)	変動費	(10)	(7)	(10)	(3)	
（賃借料等）	(278)	変動費	(60)	(60)	(110)	(28)	(20)
（その他）	(156)	変動費	(40)	(25)	(55)	(10)	(26)
限界利益（貢献利益）	85		11	43	99	13	▲80
共通コスト賦課		固定費	21	19	32	8	▲80
営業利益	85		▲10	24	67	5	0
（うち減価償却費）	(130)		(40)	(25)	(60)	(5)	

(2) A事業部撤退の可否

A事業部は，10百万円の営業損失ですが，これは「共通コスト（本部コスト）」負担後の損益であるということがポイントとなります。共通コストはA事業部の撤退・存続に関わらずに発生する固定費を各事業部へ配賦，負担させているものです。A事業部が撤退した場合においても，この「共通コスト」は発生するため，他の存続事業部が負担することとなります。

そこで，このような事例では，共通コスト負担能力があるか否かを調べる必要があります。共通コスト負担能力は，A事業部の限界利益を確認することによって把握できます。

A事業部の共通コスト負担額は21百万円であり，共通コストの負担前の利益である限界利益は，11百万円（＝売上900百万円－変動費889百万円）のプラスとなっています。したがって，A事業部は，共通コスト（固定費）を負担する能力があると判断できます。

　A事業の撤退に伴って，共通コストを削減しなければ，21百万円のA事業部負担の共通コストは他部門へ振り替わるのみとなり，全社としての改善には繋がりません。

　以上のことから，現時点におけるA事業部の撤退の判断は，「継続の方が良い」という判断となります。ただし，このような場合であっても，戦略的にその事業部に将来性が低いなどの判断がされた場合は，撤退を行うこともあります。その場合は，A事業部が負担している共通コスト21百万円が他部門への負担にならないように，共通コスト（本部コスト）を削減する必要があります。

（宮下紘彰・杉崎　稔）

付：序章で紹介した事例を解決するためのヒント

【事例1】

　事業別の実態がわかるような，管理会計データの提出を依頼しましょう。精緻なデータはないとしても，何らかのデータを企業は保有しているはずです。

　「こういう資料を作ってください」といわずに，「今どのようなデータがあるか」をヒアリングしたうえで，そのデータを徴求し，ヒアリングをしながら分析をして実態を読み取っていくようにしましょう。

　「こういう資料を作ってください」と依頼しても，作ってもらえない場合もありますし，何よりも時間がかかってチャンスを逃すことにもなりかねません。ですから，今ある資料の中でどのように調査していくかという姿勢が大切です。どんな資料を，企業は保有しているのか，その資料をどう読むのかを聞き出す力が求められます。

【事例2】

　キャッシュ・フローがどのようになっているか，資金繰りがどうなっているかをまずおさえましょう。業績が低迷して赤字に転落している企業の多くは，キャッシュ・フローがマイナスになっていて，資金繰りがかなり厳しい状況になっているはずです。

　その実態を把握したうえで原因を追究しましょう。売上が落ちていたり，原価が上がっていたり，在庫がたまっていたり，さまざまな原因が考えられますが，その原因を，融資先を巻き込みながら掘り下げていきましょう。

　そのうえで，経営改善計画の作成を働きかけましょう。

【事例3】

　たとえ決算書が黒字でも,キャッシュ・フローをごまかすことはできません。

　では,どうすれば簡単に実態がわかるでしょうか。一つのやり方を示します。

　普通預金通帳と当座勘定照合表のコピーの提出を依頼します。その入金の合計と,出金の合計を見れば,実態をおさえることができます。入金－出金がマイナスならば,その企業の実態は赤字だと判断できます。

　この際注意すべき点は,支払うべきもので支払っていないものがないか(たとえば社会保険料を滞納しているケースがあります),あるいは,遅延して支払っているものがないか(たとえば給料の遅配や借入金の返済が遅滞しているケースがあります)をよく見ることです。支払っていないものがあったり,遅滞しているものがあったりするなら,新規融資は採り上げられるような状態にはないということです。

【事例4】

　このケースも事例3で紹介した調査が有効です。事前に資金繰り実績表を徴求しておいたうえで,後から通帳等のコピーを入手し,その整合性を調査していけば実態を明らかにすることができます。

　資料間の整合性がなければ,そのような信頼性のない企業には融資はできませんし,入金額よりも出金額が大きい企業には,返済財源がないのですから,確実に将来改善する見込みがなければ融資をすることはできません。

参考文献

● 第1章

秋山純一・山原克明著『財務会計テキスト　第2版』東京経済情報出版（2004年）

浅田孝幸著『戦略的管理会計―キャッシュフローと価値創造の会計』有斐閣（2002年）

山根節著『ビジネスア・カウンティング　MBAの管理会計』中央経済社（2001年）

古川浩一・蜂谷豊彦・中里宗敬・今井潤一著『基礎からのコーポレート・ファイナンス〈第2版〉』中央経済社（2001年）

辻敢・酒井啓二著『簿記を知らなくてもわかる決算書の見方・読み方』ビジネス教育出版社（2002年）

辻敢・酒井啓二著『資金繰り表の作り方・見方コース①～③』ビジネス教育出版社（2006年）

山田ビジネスコンサルティング㈱編『［融資力］5分間トレーニングブック』ビジネス教育出版社（2007年）

石川英文著「キャッシュフロー経営」（企業診断2003年4月号）同友館

● 第2章

辻敢・酒井啓二著『特に、金融マンのための資金繰りの手ほどき』ビジネス教育出版社（1998年）

上羽宏著『Q&A　「資金繰り」早わかり事典』セルバ出版（2006年）

平井謙一著　『資金4表の完全理解と実践応用』生産性出版（1999年）

船橋健二編著／辻達博・藤井邦明・長谷川和彦著『図解　中小企業の経営分析　改訂版』税務経理協会（2005年）

● 第3章

高田直芳著『決定版　ほんとうにわかる管理会計&戦略会計』PHPエディターズグループ（2004年）

和井内清著『新版経営分析を活用した資金の管理』清文社（1983年）

村井敞著『業績を上げる会計　わかりやすい実践「管理会計」講座』PHP研究所（2006年）

●第4章

チャールズ・T・ホーングレン ギャリイ・L・サンデム ウイリアム・O・ストラトン著 渡邊俊輔監訳『マネジメント・アカウンティング 第2版』TAC出版（2000年）

岡本清 廣本敏郎 尾畑裕 挽文子著『管理会計 Management Accounting』中央経済社（2003年）

櫻井通晴著『管理会計 第三版』同文舘出版（2004年）

デービット・ソロモンズ著 櫻井通晴 鳥居宏史監訳『事業部制の業績評価』東洋経済新報社（2005年）

西澤脩著『会計管理入門シリーズⅠ 管理会計入門（三訂版）』税務経理協会（1994年）

西澤脩著『会計管理入門シリーズⅡ 利益計画入門（四訂版）』税務経理協会（1997年）

宮元寛爾 小菅正伸著『管理会計概論』中央経済社（2006年）

西山茂著『戦略管理会計』ダイヤモンド社（1998年）

●第5章

宇野永紘著『実践管理会計と企業価値経営』三省堂（2003年）

大津広一著『企業価値を創造する会計指標入門』ダイヤモンド社（2006年）

川口勉著『Q&A経営分析の実際』日本経済新聞社（2005年）

金融財政事情研究会編『第11次業種別審査事典』金融財政事情研究会（2008年）

窪田千貫著『変動損益計算書の戦略的活用方法』TKC戦略経営研究所（1992年）

久保田政純著『設備投資計画の立て方』日本経済新聞社（2005年）

久保田政純著『実務家のためのキャッシュフロー分析と企業価値評価』シグマベイスキャピタル株式会社（2006年）

小宮一慶著『図解 戦略経営のための管理会計入門』東洋経済新報社（1999年）

ニューチャーネットワークス編，高橋透著『事業投資と資金調査のための「事業戦略計画」のつくり方』PHP研究所（2006年）

筒井英治著『設備投資と資金計画の進め方』税務研究会出版局（2005年）

トム・コープランド，ティム・コラー，ジャック・ミュリン著，伊藤邦雄訳『企業評価と戦略経営』日本経済新聞社（2000年）

中沢恵・池田和明著『キャッシュ・フロー経営入門』日本経済新聞社（2005年）

宮俊一郎著『企業の設備投資決定』有斐閣（2005年）

山田ビジネスコンサルティング編『［融資力］ 5分間トレーニングブック』ビジネス教育出版社（2007年）

山田ビジネスコンサルティング編『［融資力］ 5分間トレーニングドリル』ビジネス教育出版社（2007年）

渡辺康夫著『図解　企業価値入門』東洋経済新報社（2006年）

索引

あ

IRR法　→内部収益率法
ROI法　→投資利益率法
安全余裕率 …………………… 102, 103
1年基準 ……………………………… 29
売上原価 ……………………………… 23
売上債権 ……………………………… 30
売上高線 ……………………………… 99
運転資金 ……………………………… 30
営業活動によるキャッシュ・フロー
　………………………………… 38, 43
営業循環基準 ………………………… 29
営業利益 ……………………………… 97
NPV法　→正味現在価値法

か

回収期間 …………………………… 178
回収期間法 …………… 179, 200, 223
拡大投資 …………………… 177, 189
勘定合って銭足らず ………………… 21
間接法 …………………………… 40, 42
管理会計 ………………………… 14, 16
期間損益計算 ………………………… 21
企業の目的 …………………………… 25
既存借入金 ………………………… 194
期待収益率 ………………………… 211
キャッシュ ……………… 20, 21, 31
キャッシュ・フロー ………… 15, 31
キャッシュ・フロー計算書 ……… 38
キャッシュ・フローの改善 ……… 47
キャッシュ・フローの定義 ……… 31
キャッシュ・フローと償還財源 … 37
経営目標 …………………………… 132
経営理念 …………………………… 132
経営資金 ……………………………… 46

経常外収支 …………………………… 77
経常収支 ……………………………… 77
経常収支比率 ………………………… 80
決算関係収支 ………………………… 79
限界利益 …………………………… 99, 180
限界利益図表 ……………………… 101
限界利益率 ………………………… 100
減価償却費 ……………………… 25, 26
現在価値 …………………………… 199
現預金 ………………………………… 27
貢献利益 …………………………… 180
更新投資 …………………… 177, 190
合理化投資 ………………… 178, 190
コスト ………………………………… 94
固定資産 ……………………………… 29
固定資産収支 ………………………… 77
固定資産台帳 ……………………… 177
固定費 ………………………………… 97
固定費型ビジネス ………………… 119
固定費の削減 ……………………… 113
固定負債 ……………………………… 29
固変分解 …………………………… 106

さ

最悪シナリオ ……………………… 193
差異分析 …………………………… 169
財務会計 ……………………………… 14
財務活動によるキャッシュ・フロー
　………………………………… 38, 39
財務収支 ……………………………… 79
債務償還年数 ……………………… 179
材料費 ……………………………… 149
仕入 …………………………………… 23
仕入債務 ………………………… 28, 30
時間的価値 ………………………… 199
事業計画 ………………………… 16, 130

索 引

事業計画の管理 …………………168
事業計画の検証方法 ……………164
事業計画の作成 …………………138
事業計画の体系 …………………143
事業計画の単位 …………………170
事業計画の本来の役割 …………136
事業の撤退 ………………………226
事業閉鎖点 ………………………111
資金移動表 ……………… 16, 57, 77
資金移動表の基本的な構造 ……77
資金運用表 ……………… 16, 57, 71
資金繰り ……………………… 15, 56
資金繰り表 ………………………56
資金繰り実績表 …………………61
資金繰り予想表 …………………65
資金繰り表の基本的な構造 ……59
資金繰りを改善する方法 ………82
資金計画 …………………………141
資金使途 …………………………34
資金調達計画 ……………………179
資金の必要性 ……………………34
実効税率 …………………………32
CVP分析 ……………………… 16, 94
資本計画 …………………………141
準固定費 …………………………182
準変動費 …………………………182
償還財源 …………………………34
償還財源の算出 …………………35
正味運転資本 ……………………29
正味現在価値法 ………… 200, 208
将来価値 …………………………199
将来予測 …………………………131
新規出店 …………………………186
SWOT分析 ………………………148
正常収益力 ………………………133
正常な売上高 ……………………146
製造経費 …………………………149
製造原価の成り行き予測 ………149
製品化の意思決定 ………………186
税務上の繰越欠損金 ……………196

設備資金 …………………………16
設備投資 …………………………16
設備投資額 ………………………33
設備投資の目的 …………………177
戦略投資 ………………… 178, 191
戦略の影響額 ……………………135
増加運転資金 …………………33, 44
操業度 ……………………………120
増　産 ……………………………185
総費用 …………………………97, 98
総費用線 …………………………99
損益計画 …………………………141
損益計算 …………………………20
損益の成り行き予測 ……………145
損益分岐点売上高 ……… 95, 102
損益分岐点分析 …………………95

た

棚卸資産 ………………………23, 30
中小企業庁方式 …………………107
直接法 …………………………40, 41
手許流動性 ………………………27
当座資産 …………………………28
投資活動によるキャッシュ・フロー
　　　　　　　　　　 …………38, 39
投資効果 …………………………198
投資利益率法 …………… 200, 203

な

内部収益率 ………………………211
内部収益率法 …………… 200, 211
日銀方式 …………………………107

は

ハードルレート …………………211
販売・管理費の成り行き予測 …157
B/Sと資金調達・運用の関係 …59
悲観的なシナリオ ………………192
非資金費用 ………………………32
ビジョン …………………………132

フリー・キャッシュ・フロー …………31
プロフィット ……………………………94
返済しわ補填資金　→経常資金
変動費 ……………………………………97
変動費化 ………………………………115
変動費型ビジネス ……………………119
変動費率 ………………………………101
ボリューム ……………………………94

ま

埋没原価 ……………………180, 185
未収金 ……………………………30
未払金 ……………………………30
目標達成点売上高 ……………………109
目標値の設定 …………………………145

や

優遇税制 ………………………………196
融資力 ……………………………………12
予想資金運用表 …………………………76

ら

利　益 ……………………………………20
流動資産 …………………………………29
流動負債 …………………………………29
労務費 …………………………………149

わ

割引率 …………………………………199
ワン・イヤー・ルール　→1年基準

執筆者一覧

序章・第1章　石川　英文
第2章　　　前田　　祐
第3章　　　岸　　研太・山川　信之
第4章　　　中沢　道久・大野　義行
第5章　　　宮下　紘彰・杉崎　　稔

山田ビジネスコンサルティング株式会社
　持ち株会社であるTFPコンサルティンググループ株式会社（ヘラクレス上場4792）の，グループ中核企業。
◇主な業務内容
　企業・事業再生コンサルティング，事業承継コンサルティング，財務・事業デューデリジェンス，M&A・組織再編コンサルティング
ホームページ●http://www.y-bc.co.jp　　　e-mail●info@y-bc.co.jp
本　　社
　〒160-0023　東京都新宿区西新宿1丁目23番7号
　　　　　　　新宿ファーストウェスト12階
　　　　　　　TEL：03-5322-3266　FAX：03-5325-1338
大阪支店
　〒531-0072　大阪府大阪市北区豊崎3丁目19番3号
　　　　　　　ピアスタワー20階
　　　　　　　TEL：06-6374-3041　FAX：06-6374-3042
名古屋支店
　〒450-6032　愛知県名古屋市中村区名駅1丁目1番4号
　　　　　　　JRセントラルタワーズ46階
　　　　　　　TEL：052-533-5327　FAX：052-533-5328

融資判断のための会計トレーニング

2008年7月25日　初版第1刷発行

〔検印廃止〕　編　者　山田ビジネスコンサルティング㈱

発行者　荒　木　義　人

発行所　株式会社 ビジネス教育出版社
〒102-0076　東京都千代田区五番町5-5
☎03(3221)5361(代表)　FAX：03(3222)7878
E-mail info@bks.co.jp　http://www.bks.co.jp

©YAMADA Business Consulting Co., Ltd. 2008 Printed in Japan

落丁・乱丁はお取り替えします。　印刷・製本／壮光舎印刷㈱

ISBN 978-4-8283-0233-1